—中国国家地理·城市探索：去大连—

主编　李曦

文化发展出版社
Cultural Development Press
·北京·

去大连

图书在版编目（CIP）数据

中国国家地理 ：城市探索．去大连 ／ 李曦主编．--
北京 ：文化发展出版社，2022.10（2023.4 重印）
ISBN 978-7-5142-3842-6

Ⅰ．①中… Ⅱ．①李… Ⅲ．①旅游指南－大连 Ⅳ．
① K928.9

中国版本图书馆 CIP 数据核字 (2022) 第 186834 号

中国国家地理·城市探索：去大连

主　　编／李　曦

责任编辑：王　晶　　责任校对：侯　娜
责任印制：邓辉明　　装帧设计：李　川
特约编辑：杨　慧　付　杰　赵云婷
图片编辑：田轩昂　李晓峰
插　　画：常　鑫　黎玥彤　王毅博　许　悄
出版发行：文化发展出版社（北京市翠微路 2 号　邮编：100036）
发行电话：010-88275993　010-88275711
网　　址：www.wenhuafazhan.com
经　　销：全国新华书店
印　　刷：北京华联印刷有限公司

开　　本：710mm × 1000mm　1/16
字　　数：200 千字
印　　张：17.375
版　　次：2022 年 10 月第 1 版
印　　次：2023 年 4 月第 2 次印刷

定　　价：88.00 元
I S B N：978-7-5142-3842-6

编委会

马　涛　李栓科　曾武灵　姜　微　李维宇　胡光旭

主创团队

总 策 划 / 马　涛

策　　划 / 刘润楠　李　曦

主　　编 / 李　曦

项目负责 / 王　华　王　威

文　　字 / 何清颖　楼　学　詹忆梦　韩健夫　刘佳玥　蔡雅琳

张文君　杨凤双　陈　旻　陈其禄　张小中

摄　　影 / 陈冯晓　程淑贵　初　蒙　董　超　高　强　宫小剑　顾晓军　关晓东

韩春松　黄安良　贾大明　Joe Fish Flynn　雷善敏　李　帅　李雪劲

梁炳全　林宝成　鹿名联　马成君　马　喆　Poelzer Wolfgang　桑风柏

苏俊赫　田轩昂　王洪君　王厚朋　王吉义　王　洁　王庆鹏　王长乾

闻家麟　吴小庆　优　异　尤文军　于沁彤　于永乐　鱼　我　庾　庚

张凤林　张　磊　张忠民　赵大千　朱梦菲　祝　龙

图片协助 / 全景视觉　生命奥秘博物馆　视觉中国

科学顾问

杨勤业　中国科学院地理科学与资源研究所研究员

王衍用　中国旅游文化专家委员会委员、中国地质学会理事

特约顾问

蒋耀辉　大连城市规划建筑史专家，大连地方史文化学者

王希君　美食专栏作家，原大连晚报社《大美食》专刊主任

于　辉　大连理工大学建筑与艺术学院副院长

杨玉璟　大连文史研究者，大连市规划展示中心馆员

策　划

大连市文化和旅游局

中国国家地理·探索（《中国国家地理》杂志社）

序言

勾勒一座城市的浪漫图景

曾有人将热门旅游目的地比喻为一个“集市”，它的产品丰富多样，在有特色的同时能提供不同的旅游产品与消费体验，才能够保持热度、满足大众对旅游目的地的期待。与感受自然的户外旅游相比，城市旅游的体验更丰富、更多元，能够在不同层次满足人们的文化与情感需求，更容易形成“集市”效应。

大连，就像一个这样的旅游“集市”，将旅游城市的丰富体验发挥到极致：这座城市有山海交融的壮美景观，有蜿蜒海岸的复杂肌理，有建筑街区的异域风光，有滨海特色的美食体验，也有与近代史息息相关的文化展示……多元交融、绿色发展的海洋文化，造就了一座浪漫的海湾名城，让大连在中国的旅游城市中赫赫有名。

随着旅游文化的发展，在丰富体验之余，人们对旅游目的地城市有了进一步的深层需求：科学解释自然景观的构成要素，探索文化景观背后的历史成因与美学价值，日益成为旅游经济需要突破的新课题。在这一点上，大连可谓资源丰厚。

在自然景观资源上，大连拥有一个世界级的自然资源，那就是雄奇壮美的海岸带景观。大连地区的大陆海岸线由于地貌多样奇特，长期以来留下了很多以动物形象和传说为基础的海岸线景观。2007年，大连滨海国家地质公园开园，大连海岸线开始用一种全新的叙述方式解读自然景观，人们逐渐发现，大连海岸线的科学价值和美学价值，在此之前都被大大低估了。这条海岸线上，分布着世界罕见的基岩侵蚀海岸，我国独一无二的滨海岩溶景观，以及距今8亿~5亿年前的震旦纪、寒武纪的地质地貌、沉积岩石和大量古生物遗迹。这是一条天赋异禀的海岸线，在中国乃至世界范围内都不可多得。

大连的文化景观，则与大连的地理位置息息相关。作为东北亚的重要枢纽，这个区位特点是大连诸多历史文化遗迹的成因，也是大连未来经济发展的重要倚靠力量。让旅行者在体验文化景观的同时，得以了解这一枢纽功能的重要之处，可以使大连的文化之旅获得深厚的逻辑基础。

大连的美食物产，除了鲜美丰富的特色，同样包含了丰厚的文化基因——既拥有“海八珍”中的极致上品，又能满足寻常人家的鲜味日常，既能体现大连的“海大物博”，又能表达历史发展中鲁菜与东北美食的风味融合，可谓独具特色的北方“海之味”。

在生活娱乐方面，大连有无数种玩法：来大连可以享受海钓、赶海、露营、赏花这样的“慢娱乐”，也可以在海上寻求更有挑战性的潜水、皮划艇、风筝冲浪，还有各类博物馆、主题公园可供游览，大连可称得上一个令人向往的“海滨主题乐园”。

对于一个旅游目的地来说，如果只能给旅行者带来感官体验，则怕流于普通；若一味俯瞰式说教，又无法展现出一个地方鲜活的生命力。如何让大连的浪漫、开放、与时俱进与自然、文化资源相结合，使旅行者切身感受与喜爱这个充满魅力的城市，这既是科普与文化工作者的目标，也是这本书希望努力的方向。

《中国国家地理》杂志社 社长兼总编辑

瓦房店排石景观

平流雾中的星海湾

瓦房店排石与海冰

海王九岛粉色沙滩

大连中远造船厂

东港夜色

Hilton

目录
CONTENTS

PART 1
海游

PART 2
海城

PART 3

海吃

PART 4

海玩

PART 1

海游

大连之名据说有两个来历，一是清光绪六年（1880年）李鸿章在奏折中提到了大连湾，之后这里就被称为大连；另一说法是来自俄语“达里尼”，意为远方，后来音译为大连。认识大连，需要从最本质的三个方面来理解它——山、海、城。山的刚强，海的博大，让大连这座城有了悠然自得的气韵。

大连，作为北方临海城市的“课代表”，在整个建设发展过程中展现出了截然不同的“大连格局”，呈现日常生活中的鲜活明快。本章从大连地质特征、地理区位以及在如此自然地理环境中生发出来的山海之间的人和城的概述，从海岛到海港，从自然地理到人文地理，为读者做一个全景式的大连速览。

踏浪：

山风海韵尽此城

在大众印象中，中国的北方与海洋似乎并不亲近，仅有的海岸线只分布于辽宁、山东、河北和天津，所临的海是探入陆地的渤海和依附于大陆架的黄海，与广阔的“汪洋大海”相距有些遥远。如果再考虑到周边地区复杂的地缘政治因素，重重局限让渤海和黄海海域显得束手束脚。

然而，正是在渤海与黄海普遍内敛的地理性格衬托下，大连才显得那么与众不同。这个在地理单元上属于东北的城市，不论自然环境还是文化基因都很不“东北”：地势起伏错落的大连虽然没有极目望断的黑土地，也没有漫天飞雪的林海莽原，但三面环海，拥有山与海不断碰撞交锋所形成的漫长、曲折的海岸线，从而能以最开放的姿态投入海洋。作为一座浸透着海的气息的城市，大连可以说是东北地区最具个性的一扇“窗口”。

海中有山——各抒灵趣的自然禀赋

如果用最简练的语言概括大连的自然地理风貌，非这八个字莫属——海中有山，山上有城。

海中有山则为岛。由于大海会不断“剥蚀”陆地，所以无论岛屿或是半岛，只有努力拔高兀立，才有可能在大海的包围中成为一块基底稳固、不朽不沉的存在。整个辽东半岛的地貌特征，便是以山为脊、枕山靠海。

长白山的余脉——千山山脉，可以说是辽东半岛的脊梁。东北－西南走向的长白山山脉在进入鸭绿江下游地带后，山脊继续向南延伸，但海拔逐渐降低，山体也逐渐支离破碎，慢慢过渡为低山与丘陵，这便是千山山脉。

但千山山脉并未消失。相反地，它从鸭绿江与大辽河两个三角洲低地之间穿过，向南径直伸入海洋，从而支撑起辽东半岛，并将东亚大陆与朝鲜半岛环抱之中的这片海

云雾中的大黑山。大连背靠千山山脉，整座城市依山而建、傍海而生

星海湾，大连的必游之地。这里汇集了星海公园、海水浴场，以及壮观的跨海大桥

⌃
欣赏海洋景观的好去处——海王九岛。这里不仅可以观赏以“大象嬉水”为代表的海蚀景观，还能体验环岛游，领略大连的岛、礁、坨之美

›
长山群岛，中国的第二大群岛，扼守黄海北部，是东北地区的海上屏障

域分隔开来，构造出渤海与黄海。山的雄浑刚猛迎头撞上了海的宽厚包容，在金州湾和大连湾共同造就的金州地峡面前，一路向南绵延的千山山脉终于势穷力竭，一头跌落海中。山海之间的博弈并没有完结，虽然连贯完整的山脉终被海洋所吞没，但千山山脉依旧有很多地势较高的山峰顽强地探出海平面，于是形成蜿蜒曲折的海岸线，绵延1371千米。再加上周围的岛屿岸线，大连拥有的海岸线总长度达到了2211千米，陆地海岸线冠绝全国。“山拥连城，海开天堑”，造就了大连地区独特的地貌。

“山拥连城 海开天堑”

大连市中心区地处辽东半岛尖端部位的一个更加凸出的小半岛上。在普兰店湾、金州湾和大连湾的合围之下，陆地在金州附近不断收窄，形成一个宽仅5千米的地峡，串联起大连中心区、旅顺口所在的旅大半岛与辽东半岛的主体部分。从形状上看，近似锥形的

辽东半岛就像东北亚大陆上垂下的一块钟乳石，而旅大半岛则是钟乳石尖上一滴就要落下的水珠，与辽东半岛之间形成一种若即若离的联系。

在旅大半岛东侧外海中，一个岛屿群的存在，使这片海域生机勃勃。这就是中国黄海海域仅有的陆沉型基岩岛屿群，也是中国北方规模最大的群岛——长山群岛。长山群岛由长山岛群、海洋岛群、獐子岛群以及广鹿岛群等构成，大小海岛共计200余个。这些势单力孤的小块陆地持续

探索家员员子小百科

陆沉型基岩岛屿群

中国共有5000多座岛屿，按成因可分为三种类型：基岩岛、冲积岛和珊瑚岛。其中，基岩岛占总数的90%以上。基岩岛指由岩石构成的岛屿，形成原因之一是地壳运动导致大陆板块之间的接合部分沉陷为海峡，而原本与大陆相连的陆地被海水分隔，形成岛屿。长山群岛就属于这个类型。

受到海水冲刷侵蚀，形成了洞穴、奇石、天生桥等丰富的海蚀景观。郭沫若先生曾作诗形容这里“媲子窝前舟暂止，阳光璀璨海波平。汪洋万顷青于靛，小屿珊瑚列画屏”。

海面以下的岩石基底也是浅水型海洋生物的乐土。交汇的冷暖洋流造就的生态多样性使长山群岛成为一座中国冷水海域物种基因的宝库，其中就包括诸多海洋珍馐。对于一些口味挑剔的老饕来说，在大连市内能吃到的或许只能算“海货”，非得来到岛上，守着渔港，才能品味海的极致之鲜。

大连是整个东北最靠南的地方，大部分地区位处北纬39°附近。大连也是重要的气候过渡区：既是从半海洋性气候向典型大陆性气候的过渡区，也是暖温带向中温带的过渡区。一方水土养一方风物，如此优越的自然条件不仅给大连带来了“海鲜”，也让其腹地丘陵山麓地带盛产各种温带“陆鲜”——比如近年来征服全国人民味蕾的大连樱桃，饱满甜润又质优价廉，帮助国人一举实现了“樱桃自由”。

较低的纬度和三面环海的地形令大连的气候相对温暖湿润：冬天不会像东北大部分地区那样滴水成冰，夏天则有大海为它洗去酷暑。大连因此成为一个气候宜人的北方城市。

“汪洋万顷青于靛，小屿珊瑚列画屏”

山海之间
浪漫的城市美学

在具备完整山脉结构的辽东半岛主体部位，相对平缓宽阔的山麓地带是山体与海洋之间的缓冲，也为河流下游冲积平原的形成作了铺垫。冲积平原不但进一步扩大了陆地的面积，还使海岸地带更加平缓和淤浅。

旅顺口一隅。这里的标志性地貌是一条伸入海中的狭长弯曲状陆地，名为“老虎尾”，体现了海水的长期堆积作用，属于典型的海积地貌

相比之下，大连附近山岛耸峙的基岩质海岸线则缺少宽阔的山麓，自然也无法发育出平坦的海岸。因此在旅大半岛上，海与陆的交流也就只能以一种相对激烈的方式进行——高处塑造出崎岖的海岸，低处陷落成深邃的海湾。湾阔、水深，大型轮船无须疏浚和填海就能顺利进出，令旅大半岛成为建设海港的理想场所，而大连作为一个海港城市的生命历程，就始于这山与海的精妙结合。

在旅大半岛的一北一南，两个条件最为优越的海湾，岬湾曲折，是典型的基岩港湾海岸，成就了大连港和

东港商务区，鳞次栉比的商务楼宇与日夜忙碌的港口，彰显着大连国际化的实力与活力

旅顺口两大重要港口。

旅顺口坐落在半岛的南端，群山环抱，仅有一个出口与外海连通，闭合性较大连港更佳。旅顺口直面渤海海峡要冲，港外为黄海，海域水深大，大型舰船可以畅行无阻，且常年不冻，其军事战略价值不言而喻。

与旅顺口隔山相望的大连港，是更为人熟知的大连的“起点”，位于大连湾最深处。港区水域宽阔，山地从南向西护卫住港湾，但又留出了一块地势相对平缓、适宜建造大型城市的滨海土地。同时，港湾的地理位置也与金州地峡紧密相连，使得大连可以毫不费力地接入辽东半岛乃至整个东北平原的陆路交通网。

从一百多年前开始，以大连港口为原点，一座规划得当的现代化城市迅速崛起，并随着人口的增加一层层向外呈辐射状扩展，直抵南侧山麓地带。这就是我们今天看到的大连市老城区——中山区。中山区以大连港附近圆环状的中山广场为中心，主干道呈放射状排布，向城市四周延伸。大连的这种布局，与以凯旋门为中心的巴黎可谓异曲同工。

当然，大连的城市规划并非单纯模仿，而是因形就势，创造出了一套属于自己的城市美学。与一马平川的巴黎不同，大连依山傍海、高低错落，地理空间狭长且立体，因而城市中的诸多广场并非平面铺开，而是沿着一条不那么明显的东西向轴线排布：人民广场、友好广场、中山广场、三八广场、二七广场……这些广场的连线所围出的这片区域，海拔高于火车站和港口所在的北侧海岸，又低于南侧山坡地带，而仰可观山、俯能望海的大连老城区便坐落在这个区域。这些山海之间的广场，为大连平添了浪漫惬意的氛围。

目前东北地区的第一高楼——大连中心·裕景（塔楼高度为 383.45 米）

“大连作为一个海港城市的生命历程，就起始于这山与海的精妙结合”

海洋基因——
面向世界，面向未来

因湾成港，因港生城。工业革命的浪潮带来了铁路和远洋巨轮，也让大连的历史从此焕然一新。

单从地理条件来看，大连其实不算是典型的传统港口城市：它地处辽东半岛的尖端，周边丘陵密布，又远离大江大河，并不具备河海联运之利。然而伴随着火车的汽笛声，以大连为南端终点的哈大铁路干线与诸多支线的修建，解决了河道流域局限的问题，把大连的港口与整个东北地区的城市、矿山、林场紧密衔接起来。

铁路令大连港八方辐辏、客货云集，而远洋轮船则把大连与更加广阔的世界连接起来，使它成为一个国际级的海港都市。航道宽、水面阔、水深足、全年通航，纵观山海关外，再没有大连这样得天独厚的天然深水港湾，这正是大连的无可替代之处。

作为东北大地向大海的延伸，大连背靠工业基础雄厚的辽宁，面向引领全球经济增长的新引擎——东亚海陆经济圈，勇敢地承担起东北亚海陆枢纽的重任。在当今这个风云变幻的全球化时代里，面对千帆竞渡，大连依然山风海韵不改，带给我们关于东北的另一种印象——年轻、开放，充满无限可能。

老虎滩渔人码头，融合了渔家风光和异国情调，在这里等待一次日落，定会留下一段关于大连的美好回忆

探索 ROUTE 1

自然遗迹

● **推荐理由**

大连在漫长的地质年代中，形成了丰富多样的地质遗迹。澎湃的海浪撞击基岩海岸产生的海蚀作用，孕育出崖、柱、拱等形态万千的海蚀地貌。大连拥有全国保存面积最大的石英岩景观，以及北方罕见的滨海岩溶景观，对于地质爱好者来说，大连的地层蕴藏着数不尽的惊喜。本路线精选出大连最具观赏和科研价值的地质景观，让我们一起来感受穿越古今的山海对峙。

● **重点推荐**

- 金石滩：海蚀之力创造的“雕塑公园”
- 冰峪沟：北国“桂林”
- 黑石礁公园：“黑壳白心”岩溶海蚀地貌
- 瓦房店排石景区：层叠如书页，石英砂岩海蚀地貌
- 长山群岛：黄海最大岛屿群

● **辅助推荐**

黄渤海分界线、西湖咀、天门山国家森林公园、棒棰岛

重点推荐

海蚀之力创造的“雕塑公园”

金石滩

金石滩是大连滨海国家地质公园的核心园区，陆地面积62平方千米，海域面积58平方千米，主要景点有黄金海岸、金石园、滨海地质公园、金石蜡像馆和生命奥秘博物馆等。

对于将海滩默认为“柔软沙滩”的人们来说，金石滩的海滩显得“狂野”许多：棱角分明、礁石林立的海蚀地貌遍布于绵长的海岸线上，令这片海滩充满力量与沧桑感。在喀斯特作用与海蚀作用叠加下，这段海岸遍布各类海蚀崖、海蚀柱、海蚀拱桥等地貌，多达上百种，且造型各异、惟妙惟肖，被形象地冠以“恐龙探海”“贝多芬头像”“石猴观海”等名称。这里的“镇滩之宝”是一块龟背石，因岩石表面有龟裂状网纹、酷似龟背而得名。这块巨石是大连地区频繁海陆作用的证据，在世界范围内都极其罕见。

来到金石滩，徜徉于拥有数亿年历史的震旦-寒武纪地层间，欣赏大自然的鬼斧神工，体会与众不同的海滩游玩乐趣。

重点推荐

北国“桂林”

冰峪沟

冰峪沟旅游度假区位于庄河市，核心面积有47平方千米，因山清水秀、峰峦叠嶂而有“北国桂林”的美誉，属于国家首批4A级景区。

史载，冰峪沟因为沟口犹如瓶颈，有“一夫当关，万夫莫开”的险要地势，所以唐太宗李世民便派大军驻扎于此，并赐名“兵御”，又称“冰峪”。其实，冰峪沟与“冰”本身也颇有渊源：冰峪沟形成于第四纪冰期，景区内可见多处冰川遗迹，也是我国现存面积最大、质量最好的石英岩景区。

冰峪沟的森林覆盖率高达90%，既有陡峭奇峰，又有涓涓溪流，兼具豪迈与温婉，集南北风光之特色于一身。冰峪沟的主要参观路线沿景区内的两条河展开，即英纳河与小峪河。英纳河是冰峪北沟的主河流，河面开阔；而小峪河则主要流经南沟，宛转曲折。二者共同将景区内的主要景点串联起来。在两河的交汇处，水中的巨石“剑劈石”好似将河流从此分开。冰峪沟的主要景点还包括山水精华之所在的“云水渡”，飞泻而下的大瀑布“平湖泻玉”以及般若洞庙（道教与佛教互融并弘的圣地）。

冰峪沟8月的平均气温也仅有23℃，且山林繁茂、水波荡漾，是理想的避暑胜地，因此夏季是当地的游览高峰期。而冬季的冰峪沟山泉凝成冰帘，满眼银装素裹，壮观的北国胜景同样值得一游。

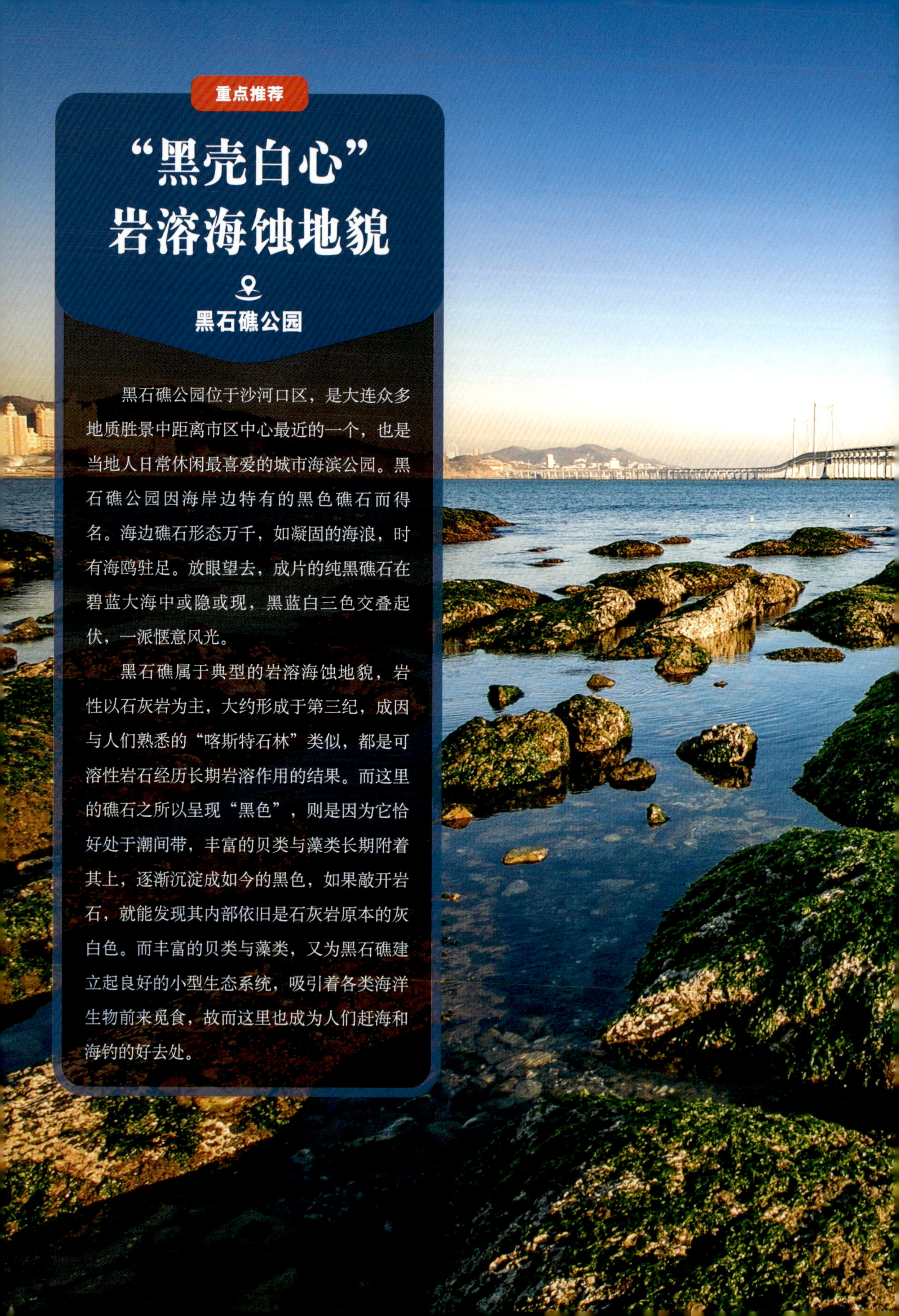

重点推荐

“黑壳白心”岩溶海蚀地貌

黑石礁公园

黑石礁公园位于沙河口区，是大连众多地质胜景中距离市区中心最近的一个，也是当地人日常休闲最喜爱的城市海滨公园。黑石礁公园因海岸边特有的黑色礁石而得名。海边礁石形态万千，如凝固的海浪，时有海鸥驻足。放眼望去，成片的纯黑礁石在碧蓝大海中或隐或现，黑蓝白三色交叠起伏，一派惬意风光。

黑石礁属于典型的岩溶海蚀地貌，岩性以石灰岩为主，大约形成于第三纪，成因与人们熟悉的“喀斯特石林”类似，都是可溶性岩石经历长期岩溶作用的结果。而这里的礁石之所以呈现“黑色”，则是因为它恰好处于潮间带，丰富的贝类与藻类长期附着其上，逐渐沉淀成如今的黑色，如果敲开岩石，就能发现其内部依旧是石灰岩原本的灰白色。而丰富的贝类与藻类，又为黑石礁建立起良好的小型生态系统，吸引着各类海洋生物前来觅食，故而这里也成为人们赶海和海钓的好去处。

重点推荐

层叠如书页 石英砂岩海蚀地貌

瓦房店排石景区

排石景区位于瓦房店市驼山乡排石村，是一处原始自然景观，以独特的石英砂岩海蚀地貌闻名。在海蚀、风化和海冰冻融的共同作用下，黄褐色的基岩被雕琢得与众不同。

自驾是去看排石景观最好的交通方式。沿着排石村旁的滨海公路行驶，路过巨型“将军石”，见到“排石烽火台”，就意味着离主景区不远了。行至月亮湾西北角的岩石之上，远远可见一排大型石壁呈线型向海中延伸。走近细看，会发现石壁底宽顶薄，如同一片石扇斜插入海底，分隔开两侧海水。这就是最著名的“排石”，而当地因此得名“排石村”。周边还分布着各种天然海蚀景观，如“石猴观潮”“渔翁出海”“菩萨望海”和“枫叶石”等。

观赏“排石”时，既可以站在高高的海蚀崖上，远眺海中石壁奇观，也可以在海岸边仔细欣赏海蚀崖的断面，抚摸由层叠岩石构成的石壁。海蚀崖石壁高达20米，从海岸线向大海深处延伸约1公里，十分陡峭险峻。石壁的岩层纹理规整，层层堆叠，再加上岩石本身呈黄褐色，犹如高高叠起的经书，因此也有“佛经岩”的称呼，不论远眺还是近观都令人十分震撼。若是冬季，海水冻结后会在石壁外形成一层冰壳，高处的岩壁上还有冰凌垂下，晶莹剔透，壮美异常。排石景观区是大连面向渤海的海岸线上一处不能错过的地质奇观。

重点推荐

黄海最大岛屿群

长山群岛

长山群岛主要属长海县管辖，共由204个海岛组成，以海蚀地貌和海积地貌为主，是体验温带岛屿风情的最佳去处。礁石、海湾、岬角、沙滩与气象万千的海蚀景观，可以让你在大连尽情感受与其他地方不一样的海岛风光。每年9月1日，长山群岛还会举行开渔仪式，届时几百艘渔船齐发，场面颇为壮观。

长山群岛各项基础设施齐备，旅游资源主要分布于四个岛区——大小长山中心景区、广鹿铁山风景区、石城列岛风景区以及外长山列岛风景区。四个岛区各有特色：前三者风景优美、游人如织，是休闲度假的好去处，而外长山列岛则以奇险著称，颇具探险寻秘之趣。

长山群岛中人气最高的是广鹿岛。除了最为便利的交通条件与风景如画的海景住宿，由23个形态各异的大小岛、礁、坨构成的广鹿岛，随时能带给你惊喜体验：可以从望海岭上的马祖庙俯瞰众礁耸立的岛海相随之景，也可以乘船出海，探访海中雄伟的“将军石”和“仙人洞”，或体验海钓的乐趣。

由大小海王岛、寿龙岛、元宝岛等9个主要岛屿组成的海王九岛同样值得一去。这些岛屿上不仅有数以万计的海鸟栖息繁衍，还有海蚀石林和千奇百怪的礁石，做一次环岛游，就可以一次性体验不同岛屿的风情。

辅助推荐

黄渤海分界线

黄渤海分界线地处旅顺口老铁山，是辽东半岛南端最神奇的自然奇观。站在老铁山上极目远眺，可以看到茫茫大海被一条长长的海流截然分开，呈一道蓝黄相间的“S”形弧线。弧线的东边是黄海，水色发蓝；西边是渤海，水色浑浊。在海底地沟运动、潮汐、波浪和水色差异的共同作用下，形成了黄渤海版的“泾渭分明”。秋高气爽、海面风平浪静之时，黄渤海分界线会更加明显，也更能让人体验到“一脚踏两海”的神奇。

辅助推荐

西湖咀

西湖咀地处旅顺口区西端，由基岩构成的海岸线到处都是斧劈刀削般的陡峭石壁。在此可以目睹夕阳沉入海平面之下。此处是拍摄落日的好去处，写就“大连最美夕阳”神话的胜地。西湖咀的地标“将军石”，是两块巨大的海蚀柱，百万年间一直矗立于惊涛骇浪中，俨然威风凛凛的将军，守护着旅顺军港。平时海岸边人不太多，可以静静地坐在礁石上，听涛观海，观赏夕阳。天气晴好的夜间，此地也是摄影爱好者拍摄银河和星轨的绝佳地点。

辅助推荐

天门山国家森林公园

天门山地处庄河市北部，是4A级旅游景区，因山顶有洞似门通天而得名，属石英岩经地壳运动形成的假喀斯特地貌。整个森林公园由峰、石、洞、谷、漂流五个各异其趣的景区组成。高山悬崖之上还有名冠辽南的大型洞穴庙群——千佛洞。天门山的森林覆盖率达95%，栖息着数千种植物和动物，其中就包括白尾海雕和雕鸮等珍稀动物。能够近距离感受大自然的天门山，是探险者、摄影家、生态旅行者的首选之地。

辅助推荐

棒棰岛

棒棰岛位于中山区滨海路东端，是一处集合了山、海、岛、滩的旅游胜地。离岸边不远处有一个小岛——棒棰岛，因其形状犹如古代捣衣服用的棒槌而得名。清晨红霞映衬下的小岛是摄影者的最爱，而棒棰岛宾馆的海鲜佳肴更是一绝。棒棰岛景区西高东低，山花野草遍地，拥有大连市最清澈的海水和最干净的海滩。从沙滩码头可乘快艇近观海中的棒棰岛。棒棰岛的海滩不大，却是散步、晒太阳，或拾贝壳和鹅卵石的上佳场所。

行走：

漫长的循岛海岸线

辽东半岛的最南端，山与海终于在大连相会，丘陵与山地没入海中，形成了壮观的基岩海岸（由岩石构成的海岸）。中国的基岩海岸主要分布在辽东半岛、胶东半岛以及杭州湾以南。胶东半岛的基岩海岸以花岗岩为主，杭州湾以南的海岸以玄武岩、花岗岩为主，而大连的基岩海岸多由石英岩构成。由于石英岩具有更强的抗风化、抗海蚀能力，大连的海岸线堪称中国“骨头最硬”的海岸线。

不仅如此，大连也是中国海岸线最长的城市。大连2211千米的海岸线，包括了1371千米的大陆岸线和840千米的岛屿岸线。沿着海岸线分布着各类重要的生态保护区与独特的地质景观。它们不仅具有重要的科研与生态意义，也拥有很高的美学价值。毋庸置疑，海岸线是大连自然之美的精髓所在。

山海之力
碰撞于此

大连地处华北板块东部，是长白山系千山山脉伸向大海的尾闾。这一地区历经鞍山、印支、燕山等构造运动，在漫长的地质时期中留下了丰富的地质遗迹，是世界范围内研究青白口系、震旦系、寒武系等地质时期的“圣地”。按照地质学家的统计，大连现有69处地质遗迹，其中有33处属于海岸地貌景观，可谓天然的海岸地貌博物馆。

想要真正看懂大连的海岸，需要具备一些基本的地质学知识。好在我们可以找到并不晦涩的专业模型——尽管海岸线的景观变化万千，但就地貌而言，主要分为海蚀地貌和海积地貌。要区分两种地貌，主要看是做“加法”的堆积作用占主导，还是做“减法”的剥蚀作用占主导。

海水会携带泥沙、砾石等物质。在海水搬运能力减弱时，堆积作用大于剥蚀作用，就会在海岸带形成海积地貌。海滩、沙嘴和潟湖都是典

位于金石滩国家旅游度假区的著名海蚀景观“刺猬觅食”

型的海积地貌景观。但是大连并不以海积地貌见长。大连海岸地貌真正的特色，是丰富多样的海蚀地貌。大海的力量在这里被充分具象化：不同强弱的剥蚀作用交互协同，将岩石雕琢得形态各异。

大连的海蚀地貌非常丰富。当基岩海岸经受了海浪长时间的冲击与剥蚀，会在海平面附近形成凹陷的海蚀洞槽。随着海蚀洞槽不断扩大，基岩海岸受到重力作用发生崩塌，形成陡峭的海蚀崖。海蚀崖不断后退，崩塌的岩石则被带入海中，可能还会在崖前形成一处处相对平缓的海蚀平台。而最能见证大自然鬼斧神工的，当属伸向大海中的岬角在海蚀作用下逐渐形成的海蚀拱桥。当桥体继续受到剥蚀最终坍塌后，又会形成矗立于大海之中的海蚀柱。

山之坚硬，海之汹涌，交汇于此，碰撞于此。大连的海岸，既是自然之力的承载者，又是一幅徐徐展开的宏大作品，接下来，就让我们沿着海岸线来一次漫长的山海之行，领略其间无限风光。

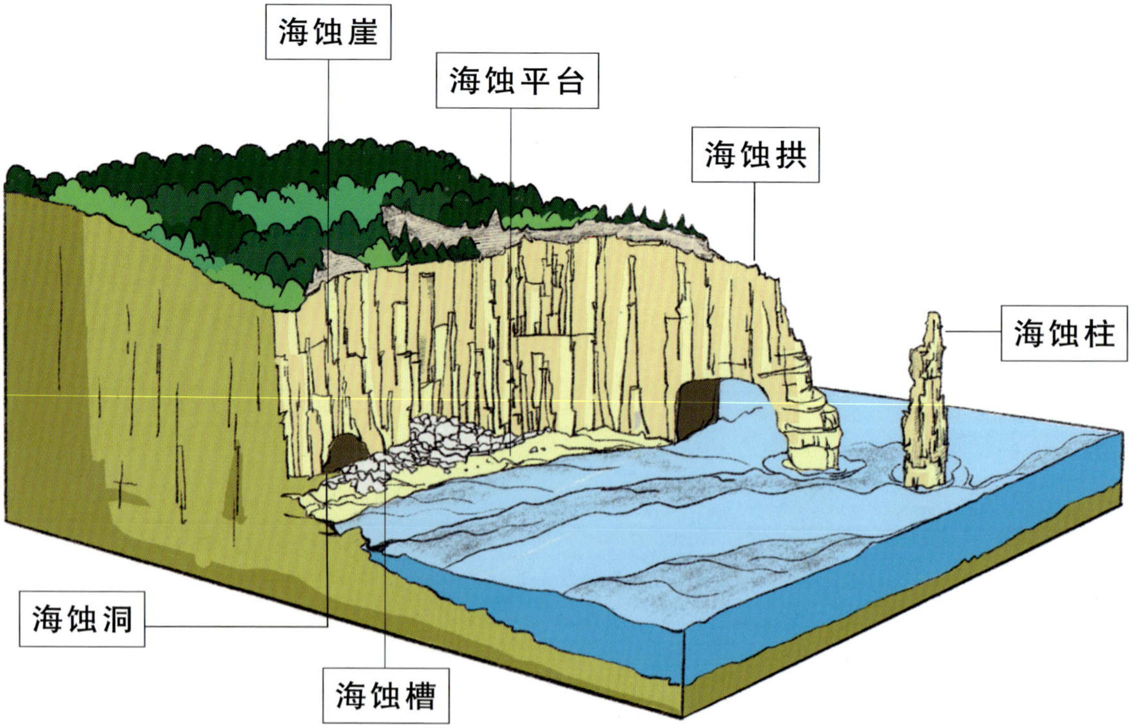

探索家员员子小百科

大连重要地质遗迹一览

类	亚类	遗迹名称
海岸地貌	海蚀地貌	金石滩海蚀群、老虎滩海蚀群、大黑石海蚀群、滨海路海蚀群、龙王岛构造岩壁、长兴岛海蚀群、交流岛海蚀群、大王家岛海蚀群、大王家岛砂岩柱状节理、大王家岛褶皱崖壁、小海王岛海蚀群、小海王岛褶皱海蚀崖、双狮岛海蚀群、观象岛海蚀群、海龟岛海蚀群、寿龙岛海蚀群、寿龙岛砂岩格子状节理、元宝岛海蚀群、拉树房海蚀群、石城乡响岛、形人坨子海蚀群、蛤蜊岛海蚀群、燕窝岭海蚀地貌“舰艇礁”
	海积地貌	旅顺军港老虎尾沙嘴
岩土体海岸地貌	岩溶海蚀地貌	黑石礁岩溶海蚀群、草坨子岩溶海蚀群、下靴子礁岩溶海蚀群、老于窝棚岩溶海蚀群
岩土体地貌	岩溶地貌	金石滩金石园喀斯特地貌、蛤蜊岛喀斯特地貌
	侵入岩地貌	帽山侵入岩地貌
	变质岩地貌	石城岛片麻岩揉皱
	碎屑岩地貌	冰峪沟石英岩峰林与孤峰群、上韩小峪石英岩岩洞“灵隐洞”
	沉积岩地貌	金石滩玫瑰苑叠层石、金石滩震积岩、金石滩鳌滩大林子组龟背石、金石滩鳌滩大林子组古盐坪沉积、海龟岛干涉波痕“指纹石”、旅顺白玉山波痕构造
冰川地貌	古冰川遗迹	小桂林冰碛台地、小峪河冰川遗迹群、英纳河“U”型谷、帽山古冰川遗迹、步云山龙潭村人石峤古石河
地层剖面	层型（典型剖面）	金石滩崔家屯组、金石滩震旦系甘井子组剖面、磨盘山剖面、长兴岛二龙山冶里组剖面、三棱山南剖面
构造遗迹	断裂	白云山莲花状构造、大黑山砂岩石芽、大黑山棋盘格式节理
构造地貌	峡谷（断层崖）	关门寨峡谷、小峪河峡谷群
重要化石产地	古生物遗迹化石产地	茶叶沟洞穴堆积、骆驼山古脊椎动物群遗址
水体地貌		黄渤海自然分界线、龙潭瀑布

旅顺口区小黑石日落

黄海岸线
刚柔并济的山海交响曲

大连的陆地海岸线东起庄河市的二坨子，向西南延伸到老铁山岬角。这一段黄海岸线，集合了大连海岸线上最精华、保护得最好的自然景观。

从二坨子到金州区老鹰嘴的一段属于岬湾型淤泥质海岸，多海湾和潮间浅滩，拥有发展滩涂养殖经济的绝佳条件。潮间带是贝类的绝佳生境，这让庄河有了“东方蚬库”的美誉。自老鹰嘴继续往西，到城山头的这一段是堤坝型沙质海岸，有沙嘴、海湾平原等海积地貌。

接下来便是大连的标志性景观——黄金海岸了。始于城山头，到旅顺口区老铁山岬角为止，黄金海岸是我国最典型的港湾型基岩海岸，有突出的海岬和陡峭的海岸，海湾开阔，由于

金石滩被称为“神力雕塑公园”，可欣赏到大连海蚀地貌景观的精华

大连庄河市青堆镇的潮间带

水下岸坡陡、水深，波浪动能沿途损耗小，波浪强烈作用于海岸，所以海蚀作用尤为突出。得益于这样得天独厚的自然条件，大连的这段黄海岸线汇集了辽宁省几乎所有的深水良港，而大连滨海国家地质公园的四大园区也都分布在这条黄海岸线上。

当海蚀作用发生在由石英岩构成的基岩海岸上，就会塑造出千奇百怪的海蚀地貌景观；而当海蚀作用遇

探索家员员子小百科

潮间带　指平均最高潮位和最低潮位之间的海岸地区，也就是从海水涨至最高时所淹没的地方开始，到潮水退到最低时露出的水面地表。

金石滩是大连多种地质遗迹最集中的区域之一，极具审美与科研价值

上可溶性石灰岩时，海水的岩溶作用便与海蚀作用合力造就了另一类极为特殊的景观，即海蚀喀斯特地貌，也称滨海岩溶景观。大连海岸线拥有世界罕见的海蚀喀斯特地貌，而分布最集中的区域位于金石滩附近。这里的金石园、恐龙园、南秀园的海岸都以石灰岩为主。质地相对松软的石灰岩在数亿年间，被海水日复一日地侵蚀，逐渐变得千沟万壑，而海蚀作用也在不间断地重塑着海面以上岩体的形态，最终形成了滨海石林、海蚀溶洞、溶蚀天窗等海蚀喀斯特地貌。看着这怪石嶙峋、奇峰林立的景象，让人恍若置身桂林山水。大连的滨海岩溶景观也能在黑石礁公园、城山头海滨地貌国家级自然保护区等地看到，但整体规模比不上金石滩区域。

大连的海蚀喀斯特地貌，形成于8亿～5亿年前的震旦纪及寒武纪。尤为特别的是，这里的灰岩中还蕴藏着大量的古生物化石：首次在震旦纪地层中发现类水母化石，为确定寒武纪与震旦纪的界限提供了古生物学依据；首次在早寒武纪地层中发现世界上最古老的造礁动物——古杯动物的化石……中国古生物界的许多“首次”，都来自大连这片土地。

2008年，大连市沿着滨海路修建了20.99千米长的滨海木栈道，并被吉尼斯世界纪录认定为世界上最长的滨海栈道。循着滨海栈道漫步，可以发现一些小路通往怪石嶙峋的海岸，而其中最受欢迎的景点是“圣象天门”。这是一处典型的海蚀拱桥，需要手脚并用才能从最近的观景台攀爬而上。

当然，滨海栈道沿途也有一些更为人熟知的景区。棒棰岛是大连的旅游名片。你可以选择在著名的棒棰

岛宾馆住上一晚，守候壮观的日出景色，也可以爬上南面的海蚀崖，去寻找历代的海防遗迹。从这里一路南行，可以抵达孩子们喜爱的老虎滩和风光旖旎的燕窝岭，以及节假日时最受欢迎的傅家庄。退潮后，海边的潮间带宛若海底草原，本地人也都出来赶海了。不远处的星海湾大桥更是这个最壮丽时代的最佳注脚。

沿着海岸线一路向西南前进，便迎来了山海交响曲的另一篇章。基岩海岸在这里形成一处天然的深海港湾，塑造了中国近代史上著名的港口——旅顺口。比起现在的大连市，旅顺的历史更为悠久。站在白玉山顶，可以俯瞰这座影响了中国近代史的军港。而在山下不远处的太阳沟历史街区内，超过300栋的历史建筑共同见证旅顺作为旅大乃至东北枢纽的历史。

山海与历史在旅顺黄金山下的一处遗迹中激荡、共鸣。开元元年（713年），鸿胪卿崔忻受唐玄宗之命，北上渤海国行册封礼，次年返回时途经旅顺，并在黄金山凿井立碑，让这一历史事件千古流传。这块珍贵的唐代“鸿胪井刻石”，即以大连海岸线上最常见的石英岩制成，不仅是研究唐代与渤海国关系的珍贵史料，也证明旅顺早在唐朝就已成为海陆要冲。*

* 此处关于鸿胪井刻石来历的说法，最早出自富冈定恭在刻石遗迹原址所立的“鸿胪井之遗迹碑”碑文，并为其他学者所沿用。但近年来的研究显示，围绕鸿胪井刻石还有很多谜团尚未解开：首先，刻石中提到的“鸿胪卿崔忻”与《旧唐书》中的“郎将崔䜣”是否为同一人；其次，刻石中所谓的“宣劳”是指《旧唐书》中的“册拜祚荣为左骁卫员外大将军、渤海郡王”，还是指另一次出使活动；最后，“册拜祚荣”的使者崔忻（崔䜣）到底是唐睿宗李旦派出的，还是当时与他共同执政的唐玄宗李隆基派出的。由于始终缺乏新的证据，所以围绕着鸿胪井刻石的讨论还将继续下去。

探索家员员子小课堂

大连的海洋生物

以长山群岛为代表的黄海海域，是大连海洋生物多样性最富集、海洋物产最丰富的区域。这片海域大部分水深不到100米，以沿海大陆架为中心，生活着大量温带鱼类、贝类和哺乳动物。根据中科院样本采集数据统计，这里是400余种海洋鱼类赖以生存的家园。

斑海豹
鲯鳅
玉筋鱼
小黄鱼
东亚江豚
小鳁鲸
日本带鱼
皱纹盘鲍
辽参
镰鲳
墨绿东方鲀
大泷六线鱼
太平洋鳕
海燕
真鲷
日本眉鳚

高体鰤
广泛分布于太平洋海域，在全球水产市场具有极高潜在价值

渤海岸线
低调又野性的秘境

大连的渤海岸线以老铁山岬角为起点，一路向北延伸，至瓦房店市浮渡河口止。与黄海岸线相比，位于大连西北侧的渤海岸线似乎要低调许多。

大连的渤海岸线地质构造复杂：从老铁山到甘井子区的黄龙尾，属于港湾型基岩海岸；从黄龙尾到浮渡河口，则以岬湾型沙质海岸和岛礁型基岩海岸为主，属于既有海蚀岬角又有堆积平原的复式海岸；在长兴岛附近的一段岛礁型基岩海岸，则因成为国家一级保护动物斑海豹的栖息地而受人瞩目。

大连的渤海岸线虽然没有经过太多的旅游开发，却能让游客体验大连最原

Ⓡ 位于旅顺口区的老铁山灯塔，是大连市的第一座灯塔

Ⓥ 徜徉于金州湾的斑海豹

生态的海，夏日戏水，冬观海冰，成为这座北方滨海城市的独特韵味。

说起渤海岸线的起点老铁山，就不得不提它的标志性景观——黄渤海分界线。黄海、渤海的海底地沟落差，令两个海域的潮汐运动产生了差异，于是在黄海与渤海的交汇处形成了“泾渭分明”的海域分界线：黄海水色深蓝、渤海水色微黄。在天气晴好时，站在老铁山的公园观景台上远眺“二海分明”的奇观，可谓一目了然。

1893年，清政府为了保障北洋水师的航行安全在此修建一座灯塔，也就是如今的老铁山灯塔。老铁山灯塔凭借其悠久的历史以及重要的地理位置，被誉为“中国第一灯塔”，至今仍是“闲人免入”的军事要地。游人们只能在附近的分界线公园内遥望。老铁山灯塔扼守着湍急的老铁山水道，为进出黄海与渤海的船只保驾护航。

此外，老铁山也是重要的自然保护区。大连地区是西伯利亚—澳大利西亚这一全球最重要候鸟迁飞走廊

“每年都有数百万只候鸟途经这里”

的关键中转站，每年都会有超过300种、数百万只候鸟途经这里。它们会到沿海的滩涂湿地或海岛停歇、换羽、越冬、觅食以及繁殖。渤海中的“鸟岛”（海猫岛）即由此得名。

而在鸟岛西北约3千米的海面上，还有一座危险神秘的“蛇岛”（小龙山岛）。在这座约1.2平方千米的岛屿上，生活着超过2万条毒性猛烈的蛇岛蝮。大量迁飞的鸟类停歇此地时成为蝮蛇的盘中餐，其中就包括一些中毒后死去却无法被吞食的大型鸟类。许多科考报告中都提到岛上可见不少鹰的残骸。

从黄龙尾继续向北，渤海岸线的海蚀地貌又为之一变。辽东湾东侧的海岸主要以岬湾型沙质海岸为主。在这段海岸线上，海蚀与海积作用互相角力，于是出现了海蚀岬角与堆积平原交替分布的景象——比如在夏家河一带，宽阔的沙质岸堤成为优良的海滨浴场；而到了复州湾、普兰店湾一带，海岸线上又可见雄奇壮观的海蚀洞穴、海蚀平台、海蚀柱和海蚀残丘；在瓦房店驼山乡的排石村附近，褐黄色的石英岩体被自然的伟力雕刻得棱角分明。

遥望鸟岛，这里是珍稀鸟类的乐园

黄嘴白鹭

国家一级重点保护野生动物

黑脸琵鹭
国家一级重点保护野生动物

戴胜

在中国广泛分布

与黄海岸线上的海蚀地貌主要受到海蚀、风化作用不同，渤海岸线上每年冬季都有漫长的冰期，海冰的冻融作用成为塑造地貌奇观的第三种力量。海冰与石英岩体的同框，贡献了不可多得的冬日海蚀地貌奇观。

从排石村继续向北行进，在附近西杨乡的海岸边，有两座高达50米的大型海蚀柱，它们被当地人统称为“将军石”，与澳大利亚著名的“十二使徒岩”景观有异曲同工之妙。不过后者的基岩岩性为石灰岩，形态上反倒不如“将军石”这般瑰丽雄奇。

沿着大连海岸线的漫游，至此即将结束。如果你仍意犹未尽，不妨多走几次。毕竟大连海岸线上尚有许多未被人熟知但同样精彩的宝藏景点，等待你我继续探索。

Ⓐ
大连瓦房店市的海域每年有一段冰期，海冰与海蚀地貌同框，带来独特的冬日景色

Ⓥ
旅顺口区西湖咀著名的“将军石”，宛若坚毅的战士，守护着这片海陆

探寻 ROUTE 2
奇境之旅

● **推荐理由**

大连除了有数量、质量可观的地质遗迹，也有不少值得进一步探索的自然秘境，其中有些受季节限定、有些则野性且神秘。由于尚未完全开发，前来这些地点打卡的人群以地理爱好者、户外探险者、风光摄影师为主。本路线推荐的小众自然景点，对于具备一定科学知识储备和自然探险能力者来说，极具吸引力。

● **重点推荐**

- 大黑石海滨浴场：荧光海，大海的蓝色眼泪
- 打狗咀子："世界尽头"的孤独灯塔
- 蛇岛：一种蛇，一座岛
- 夏家河子：万里冰封的海景

重点推荐

荧光海
大海的蓝色眼泪

大黑石海滨浴场

大黑石海滨浴场位于甘井子区，具有大连较为少见的沙质海滩。这里距市中心约30千米，所以少了些人声鼎沸，很适合在风平浪静时在海边漫步，体会海洋的温柔与浪漫。

白天的大黑石自然是美丽的，但夜晚的大黑石则更加惊艳，因为这里有一处罕见的自然景观——“荧光海”，这个现象的成因是海水中大量的夜光藻在受到外界刺激后发出蓝光。黑暗中，当成片夜光藻被海浪拍向岸边、撞上礁石，就形成了灿若星河的蓝色荧海，仿佛是大海正在流下“蓝色的眼泪”。

虽然国内不少海域都出现过“荧光海”现象，比如福建平潭、山东青岛、广东深圳等，但大连是最早见诸国内媒体报道的。除了大黑石外，小黑石、蟹子湾、黑石礁、燕窝岭等地也会偶尔出现“荧光海”现象。“荧光海”景观在5月份最常见，一般出现在水较浅且人类活动较少的海湾，尤其是海域气温回升、风大浪大且涨潮的时候。你可以到大黑石浴场踩着松软的海滩，在潮声与海风的陪伴下，去寻觅荧光星海，去等待这份需要些运气才能一睹的浪漫景观。

重点推荐

“世界尽头”的孤独灯塔

打狗咀子

打狗咀子位于瓦房店市，距同属驼山乡的排石景观约20千米，是一处游客稀少的海蚀崖景观。若想前往打狗咀子，需驾车行至附近柏油路的尽头，再步行一小段路。大连方言中，“咀（嘴）”或“咀（嘴）子”指的是三面环海的小岬地。这种小岬地因其独特的地貌，往往有让人惊喜的风景，而打狗咀子就是其中的翘楚。这里尚未被开发，更没有成名，十分适合拍摄日落和星空。

打狗咀子的海蚀崖壁是神秘的暗红色，侧面石质条理分明，层次清晰，如同一面天然的绛红色石壁。这里的海水十分清澈，呈现出通透的蓝绿色。站在高高的海崖尽头极目远眺，伸入海中的打狗咀子被碧波环绕，海浪不断拍打着暗红色的石壁，涛声阵阵。你可以在崖脊上席地而坐，独自观潮起潮落与日升日落，尽享独处时光，也可以与三两好友来此露营野餐。

打狗咀子附近还有一处红白相间的圆柱状灯塔，是拍摄银河的绝佳地点，深受摄影爱好者的青睐。在晴朗的夜晚，站在灯塔上可以看到璀璨夺目的银河。海风、海浪、灯塔，还有璀璨、深邃的星空，在打狗咀子的浪漫景致中平添了一丝遗世独立的孤独。冬天，打狗咀子附近海域会结冰，莹白的冰块发出“嘎吱”声响，让壮观的海冰更添几分静谧。世界尽头或许就是这番景象。

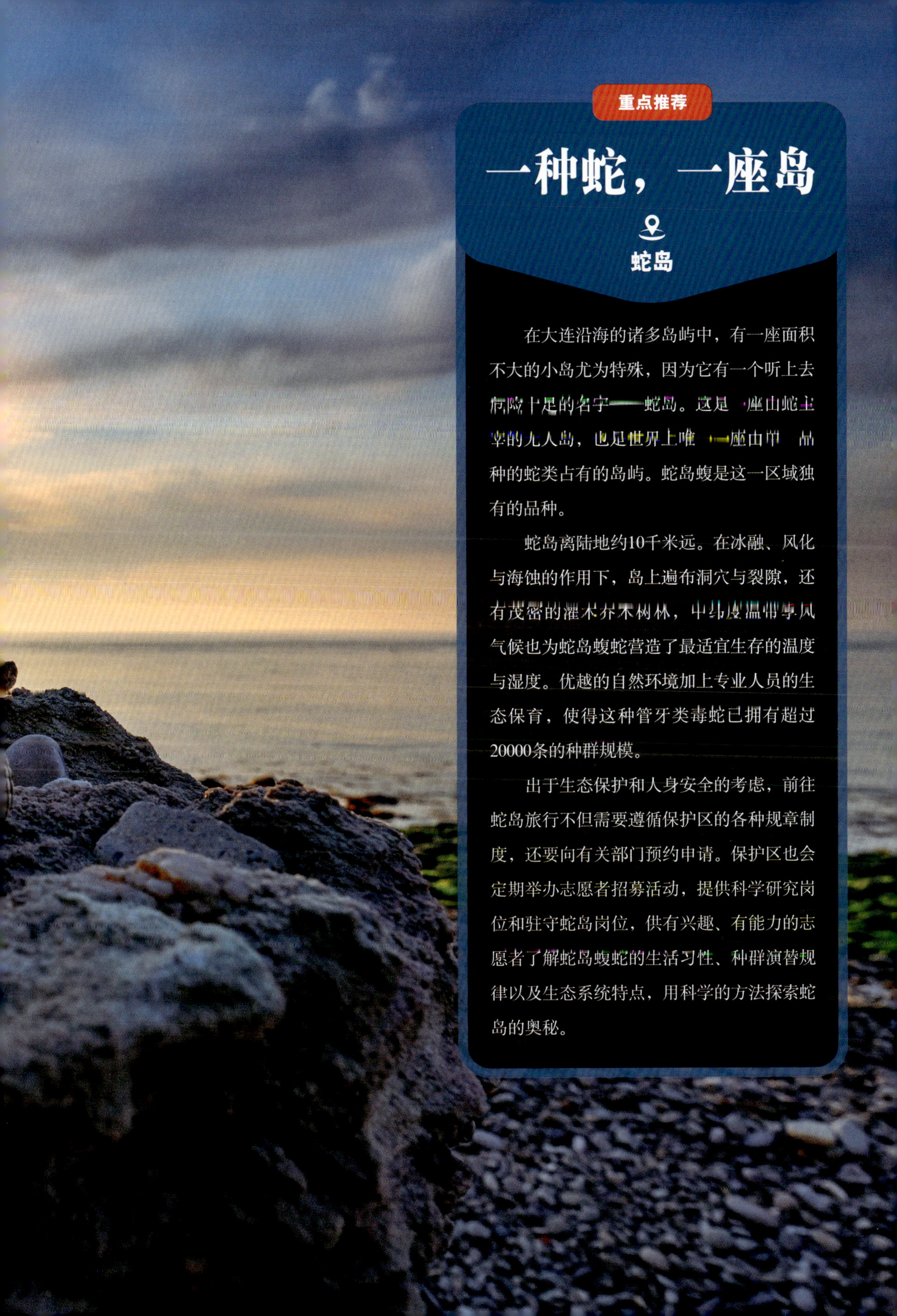

重点推荐

一种蛇，一座岛

蛇岛

在大连沿海的诸多岛屿中，有一座面积不大的小岛尤为特殊，因为它有一个听上去危险十足的名字——蛇岛。这是一座由蛇主宰的无人岛，也是世界上唯一一座由单一品种的蛇类占有的岛屿。蛇岛蝮是这一区域独有的品种。

蛇岛离陆地约10千米远。在冰融、风化与海蚀的作用下，岛上遍布洞穴与裂隙，还有茂密的灌木乔木树林，中纬度温带季风气候也为蛇岛蝮蛇营造了最适宜生存的温度与湿度。优越的自然环境加上专业人员的生态保育，使得这种管牙类毒蛇已拥有超过20000条的种群规模。

出于生态保护和人身安全的考虑，前往蛇岛旅行不但需要遵循保护区的各种规章制度，还要向有关部门预约申请。保护区也会定期举办志愿者招募活动，提供科学研究岗位和驻守蛇岛岗位，供有兴趣、有能力的志愿者了解蛇岛蝮蛇的生活习性、种群演替规律以及生态系统特点，用科学的方法探索蛇岛的奥秘。

重点推荐

万里冰封的海景

夏家河子

一提到大海，要么波涛汹涌，要么风平浪静，但你见过冰封的大海吗？随着温度跌至冰点以下，渤海近岸的大片海水会冻结成冰，于是位于甘井子区的夏家河子也摇身一变，成了冰雪之地，令人啧啧称奇。

大连能看到海冰的地方并非只有此处，但夏家河子最为壮观，这要归功于它的砂质海岸线。夏家河子有较长的浅滩和平缓的海底，向海中走10米，海水仍不会没过膝盖。这种水域特征使得海水水温受气温变化影响很大，更易形成海冰。同时这种平缓的地形也使得大面积海冰被海浪推到岸边后，能一层层地堆叠起来，如山如丘，最终形成长达千米、蔚为壮观的冰区。

海冰的形成需要持续低温，因此夏家河子的海冰多出现在最寒冷的“三九”时节前后。进入盛冰期后，夏家河子一带的海冰面积更广，堆积厚度也更大。当地被冰层覆盖的海面一望无际，好似极地冰原。

夏家河子海冰盛景是冬日大连最独特的景观之一，每年都会吸引许多市民、游客与摄影爱好者不畏严寒前来观看。但需要注意，冰海层并非绝对牢固，随意踩踏有较大安全隐患，所以请不要在海冰上嬉戏游玩。

沉浸 ROUTE 3

观海之旅

● **推荐理由**

大连的浪漫中，海一定是最关键的元素，海让大连拥有了奇绝的海岸线景观，也让大连的每日晨昏有着万千姿态。发掘大连最适合看海的场所，将大连海岸的奇伟和雄壮尽收眼底的同时，体会一下这座海滨之城的浪漫和闲适是本路线的目的。本路线推荐适合拍摄日落、日出的观景点，给予游客最佳的视觉享受与精神体验。

● **重点推荐**

- 莲花山观景台：在市区最高点捕捉落日
- 滨海路：中国城市滨海观光首选
- 渔人码头：感受渔村的朝阳与暮色

● **辅助推荐**

石槽风景区、地铁12号线、大连观光塔

重点推荐

在市区最高点捕捉落日

莲花山观景台

莲花山观景台位于西岗区。莲花山海拔259.6米，是大连市区的最高点。得益于其高度与位置优势，莲花山观景台视野开阔，是360°全景式欣赏大连全貌和捕捉海上落日美景的胜地。从这里可尽览大连东海岸的精华——大连湾、星海湾、滨海公路、傅家庄以及散落在海面上的众多小岛。

莲花山观景台包括迎客亭、长廊、许愿台、眺望台、观景厅塔和未来邮局等设施。但要在这里欣赏日落，下午就要上山。游客可登木栈道而上，边欣赏沿路海景，边攀登到山顶，还可以到许愿台小憩，将自己的心愿向海中矗立着的海神娘娘像诉说。若嫌爬山太耗体力，也可到森林动物园南门乘坐索道直达观景台。

海上落日风光与天气息息相关。若是晴空万里，可欣赏全大连最壮美的落日。天、日、海、桥，共同构成了一幅既自然又充满生气的海上落日图，而且是只能在莲花山观景台才能欣赏到的山海大连。

重点推荐

中国城市滨海观光首选

滨海路

如果想沿着一条路尽览大连的美景，那么大连的滨海路可能是最理想的选择。这条全长32千米的沿海公路宛如一条飘逸的玉带，串联起了市区内各沿海主要景点，故而有“中国城市滨海观光第一路”的美名。

滨海路可分为北段、东段、中段（南段）和西段四个部分。无论你喜欢何种滨海风光，总有一段公路可以为你奉上一段深得你心的旅程。尤其值得一提的是，滨海路建有一条全长20.99千米的人行木栈道，是获得吉尼斯世界纪录认证的世界最长滨海木栈道。木栈道沿线向海一侧建有大小27处观景平台，还辟有2.1千米的亲海路，可以沿山而下，直达海边。

滨海路的北段最为陡峭，包括了棒棰岛景区、海之韵公园、十八盘与“怪坡”。路的东段路途最长，从棒棰岛景区起，经石槽到老虎滩海洋公园，途经3处大型观景平台，都是观赏海天一色的绝佳位置。中段（南段）是开发最成熟也是人气最高的路段，从老虎滩海洋公园到傅家庄公园，主要景点有燕窝岭、北大桥、秀月峰等等，风光别致，深受摄影爱好者追捧。西段的长度最短，但从傅家庄公园到星海湾的途中，仍有金沙滩、银沙滩、森林动物园值得一游。

重点推荐

感受渔村的朝阳与暮色

渔人码头

渔人码头位于中山区，是大连市区内仍在使用的渔港码头，其西侧和东南角有天然沙滩，南面则有一座200余米的栈桥。当地山海相依，一排排渔船和游艇在避风港湾中休憩，好一番岁月静好的景象。

比起名声在外的大型海滨浴场，渔人码头更有烟火气。这里如今已被开发成综合商业街区，已成为市民游客度假休闲必去的景点。渔人码头周围的建筑大多是欧式洋楼，外墙色彩缤纷，再搭配上大连的碧海蓝天，随手一拍便是令众人惊艳的美图，更成为婚纱照拍摄的热门取景地点。

渔人码头固然浪漫文艺，但也同样充满生活气息：你可以看着满载而归的渔船驶入港中，也可以在咖啡馆抱着猫咪度过一个平静的下午；你可以拿着面包投喂成群结队的海鸥，也可以伴着海浪声静静阅读。

辅助推荐

地铁12号线

大连地铁12号线东起河口站，西至旅顺新港站，全长40.35千米，共设铁山、旅顺、龙王塘等8个站点。除河口站外其他均为高架车站，因而，乘坐地铁12号线在高架桥上飞驰，可以饱览沿途风光。尤其是塔河湾站，作为国内距海最近的地铁站，车站旁边就是广袤的黄海。途经塔河湾站的那段路程，窗外一面是山一面是海，地铁便穿行在山海之间，仿佛置身《千与千寻》里的童话世界。如想去塔河湾站打卡，请尽量避开上下班高峰时段。

辅助推荐

石槽风景区

石槽位于滨海路的东段，是登高观海，欣赏日出、日落美景的一个好去处。石槽原为渔村，现已建成海滨浴场，依山傍水，视野极好。很多人选择从老虎滩渔人码头出发，沿着惬意的滨海栈道徒步前往石槽，只需20～30分钟。这里海岸线曲折，岬角海湾较多，海产品种类十分丰富，是岸钓、矶钓的好地方。石槽仍保持着渔村的质朴，每当夜幕降临前，一边在岸边垂钓静待日暮西垂，一边看着渔船归港，才是最真实的海边休闲体验。

辅助推荐

大连观光塔

大连观光塔，原名大连广播电视塔，坐落在中山区的绿山之巅，是将大连风光尽收眼底的绝佳去处。即使不登上塔顶，在塔下免费的观景平台也可饱览城市风光。观光塔高190米，是世界上首座采用空间桁架结构的钢塔，造型新颖，风格独特。塔内设空中观光厅、旋转餐厅、露天观景台等。在塔上既能鸟瞰大连市区，也可远眺大海。每天到访观光塔的游客络绎不绝，最好选择傍晚时间去，随着夜幕的降临，华灯初上的大连别有一番浪漫与温柔。

考察，俄国决定让旅顺继续作为军港，而将大连湾规划成商港，并野心勃勃地要将之打造成全球贸易中心之一。

大连湾由许多小海湾缀连而成，包括马家套、甜水套、红土崖子湾、大孤山等，共同构成一个半圆形的大海湾。海湾的入口处还分布着三山岛。“大连湾”之名首见于李鸿章给光绪皇帝的奏折中。之后，李鸿章也在大连湾和尚岛修建了炮台和弹药库，作为旅顺海军基地的重要组成部分。

大连湾的自然条件的确得天独厚，是一个可以四季通航的天然不冻深港。由于基岩海岸本身就容易发育成深水岸线，大连湾水深湾阔，平均水深6.7米，最深处达8.5米，适合大型船舰停泊。海湾周边沿岸地带依千山山脉的山势而下，坡面缓和，方便建设大型港口，也有足够的腹地建设辅助设施和城市。

更重要的是，大连湾冬季没有冰冻期，不似辽东湾的渤海沿岸港口每年都有几个月望冰兴叹。整个辽东半岛，唯独面向黄海、自大窑湾向西南延伸到旅顺一线的海岸冬季不结冰。关键的原因是**对马暖流**遇到朝鲜半岛的阻拦后，沿着西岸继续北上，分出黄海暖流，逆时针方向一路流经辽东半岛东侧，直到旅顺。暖流让海水温度升高，而不断流动的海水也不容易结冰。

除此之外，大连地势以千山山脉为轴，向东南和西北两侧的海面倾斜。大连湾位处面向黄海的一侧，被丘陵环绕，更有大黑山作屏障，阻隔了西伯利亚南下的寒流。此外大连湾水深，又没有大河在此入海，不会过度稀释海水盐度。正是在暖流以及这

探索家员员子小百科

对马暖流

洋流是海水的运动形式之一，是一种相对稳定且有一定方向的大规模海水运动。根据性质分类，可分为暖流和寒流。暖流即从温度高海区流向温度低海区的洋流，反之为寒流。对马暖流行经日本九州岛和朝鲜半岛之间的对马海峡，因此得名。对马暖流来源于台湾暖流和黑潮。

Ⓐ
大黑山与大连湾相互依傍，为湾区遮挡住寒流

些因素的共同作用下，大连湾才成为天然的冬季不冻港。

大连湾是国土大部分处于寒带的俄国人梦寐以求的不冻港。1903年，东清铁路全线通车，将大连港与中国东北腹地、沙俄远东地区乃至欧洲大陆连接起来，从而形成以西伯利亚铁路联结太平洋和波罗的海，横跨欧亚大陆的铁路、海路联运交通网。1912年，大连借着铁路优势，终于取代营口，成为东北地区最大的港口和海陆贸易中心。

Ⓐ
大连港和大连造船厂所在区域一带有个新名字——钻石湾，钻石湾总用地面积约 50 平方千米，海域面积约 80 平方千米。这里将成为大连城市产业转型和创新的重要示范区域

现代港口
串起“黄金海岸”

曾经的大连湾农耕渔猎，渔舟唱晚。船坚炮利的西方帝国主义势力彻底改变了这座宁静海湾的面貌，而大连湾也与大连这座城市一起，开始在中国历史上经历跌宕起伏的蜕变。

在西方列强的控制下，大连亦如上海、烟台、厦门等其他口岸城市一样，出现了可以停泊万吨级轮船的现代化码头，并配备了轨道式起重机和连续装船机等先进装载机械。20世纪30年代，中国各主要港口无论设施规模还是货物吞吐量，都达到了近代史上的最高点，然而战争和整体落后的半殖民地中国并未进入快速发展轨道。

到大连湾附近走一走，能感受到大连工业化的雄厚实力

中华人民共和国成立初期，全国港口的泊位总计两百多个，且只有6个沿海港口有深水泊位，大连便是其中之一。经过半个多世纪的奋起直追，如今中国港口集装箱吞吐量居世界第一，港口生产用码头泊位翻了100倍，万吨以上深水泊位已多达2000余个。中国已经成为全球海运大国之一。在这样的背景下，大连迎来了更多的发展机遇。

与此同时，航运在全球化格局的形成中发挥越来越重要的作用。21世纪，轮船承载了世界贸易总量的90%，航运业成为全球化的主要动力，其自身也在全球化。现代意义上的“港口”，不再只是对一种地形和功能的指代，而是综合性的经济概念——物流、人员和资本所组成的全球化网络的关键节点。

如今航运业已经进入集装箱运输时代。集装箱的发明是个改变全球物流的革命性创造。顾名思义，集装

箱就是指把散货放进特定规格的箱子里进行运输，一次彻彻底底的“标准化”——轮船、码头、仓库……运输过程中的每一个环节，都要按集装箱的规格进行标准化设计，从而让运输成本急剧下降。港口之于经济发展也因此愈加重要。

大连现在有大小港口超过200个。其中，从大窑湾至老虎滩近百千米的海岸线，成为中国港口密度最高的“黄金海岸”，也构成了中国最大的港口群。大连港与160多个国家和地区的港口建立了数十条集装箱国际航线。2013年，大连港的港口吞吐量排名为全球第10位，已跻身世界性大港之列。

现代化的港口必然推动港口工业的迅速发展。大连港目前拥有世界领先的45万吨原油码头、40万吨矿石码头、20万吨级集装箱码头和7万吨级汽车滚装码头。大连造船厂作为近代中国造船业的发源地之一和中国最大的船舶总装厂，更是创造了几十个永载史册的“第一”——中国第一艘万吨远洋巨轮、第一艘出口船、第一艘炮艇、第一艘导弹驱逐舰和第一艘航空母舰……

大连中远集团造船厂

是世界大连，也是“港湾”大连

Ⓐ “世界上有多大的船，大连港就有多大的码头”——大连港如今已实现这个目标

作为哈大铁路终点的大连，还通过沈海高速公路与东北地区的国家公路网连接。水路、公路、铁路构成的立体交通网助力大连成为东北“胃口最大”的港口，不仅是粮食南送的枢纽，还将大连的海鲜与中国的商品输往世界各地。

“湖广熟，天下足”早已成为过去，如今粮食产区北移，东北地区成了全中国的粮仓。中国每年的粮食流通总量近2亿吨，其中一半是从东北粮食主产区运往广东、浙江、福建、四川等南方主销区。

依靠航运来运输大宗散装粮食无疑是最划算的。每年深秋，长春、吉林、白城、通辽等地的粮食货场都是一片繁忙景象，收来的粮食经公路和铁路集运到大连、营口、锦州各港，再装船海运至东南沿海的港口，从而形成一条“北粮南运大动脉”。大连的北良港是我国粮食进出口的主要枢纽港，每年中转玉米、大豆、大麦、大米等粮食超千万吨。

大连也是全国冷链水产品进口的最大口岸，近70%的进口冷链货物通过大连口岸输往内地，也有许多中国特产经此远销海外。

2016年8月8日，从大连港铁路中心驶出一列冷藏集装箱班列，在到达俄罗斯贝加尔车站后，换装冷藏车组，顺利抵达终点莫斯科，行程8600千米，共历时10天。这是中国第一列全冷藏过境班列，较以往海陆运输节省了约30天时间：来自广东的蜜柚、河北的鲜梨和山东的大蒜等冷鲜货物在潍坊港装箱，经环渤海支线运抵大连港，再从这里装上冷藏专列，发往几千千米外的目的地。

菲律宾的香蕉、智利的车厘子、澳大利亚牛肉、俄罗斯狭鳕鱼……大量进口水果、肉类、海鲜在大连港分拨、转运，销往广阔的国内市场。新世纪“一带一路”初步实现了粮达天下，惠泽四方，大连港自然功不可没。

如果说大连港代表了大连最全球化的一面，那么渔港则保留了大连作为渔村的底色。每年9月1日，休渔期结束，蛰伏了4个月的渔民们重新忙碌起来，向大海深处进发。开渔的第一周，渔船以近海捕捞为主。当天晚上，守候在岸边的老饕就能买到开渔的第一网收获，品尝到大海的自然与新鲜。开渔10天后，渔船会逐步转向深海捕捞作业。待鱼类洄游形成渔汛时，渔民将迎来大丰收。

不需特意前往长海、旅顺或庄河，只要在华灯初上时到市区内的虎滩码头就能感受到大连的海味儿。作为市区里最后的渔港，当地仍然渔火点点，每天都有渔民满载渔获返航。在码头边上自发形成的临时小市场里，识货的海边人趁新鲜买上几样，而大多数渔获则会马上装箱，发往各个饭店或贸易市场。尽管大连已经在发展现代海洋经济上树立了无数里程碑，但本地人对湾与港最直接的感受，依旧来自渔港。

“港湾”一词可引申为供人躲避危险或让人感到温暖平静的地方，而大连人应该最能体会这一层深意。让海湾渐成海港的，是人驭海而行的雄心壮志，但最终让大连成为不论渔船还是巨轮之目的地的，则是这片充满魅力的土地和这里的大连人。

每年9月伊始，旅顺口区和长海县等地都会举办开渔节

中欧班列被誉为“钢铁新丝路”。由大连港始发的中欧班列经由内蒙古满洲里或新疆阿拉山口出境，开往俄罗斯、德国等国家

大连港东口南北两个灯桩一红一白，十分醒目，在上百年时间里为往来船只指引方向，给航海人以归航的心安

探索家员员子小课堂

海上守望者：灯塔的奥秘

数据来源：中国人民解放军海军海道测量局《2021航标表（黄、渤海海区）》

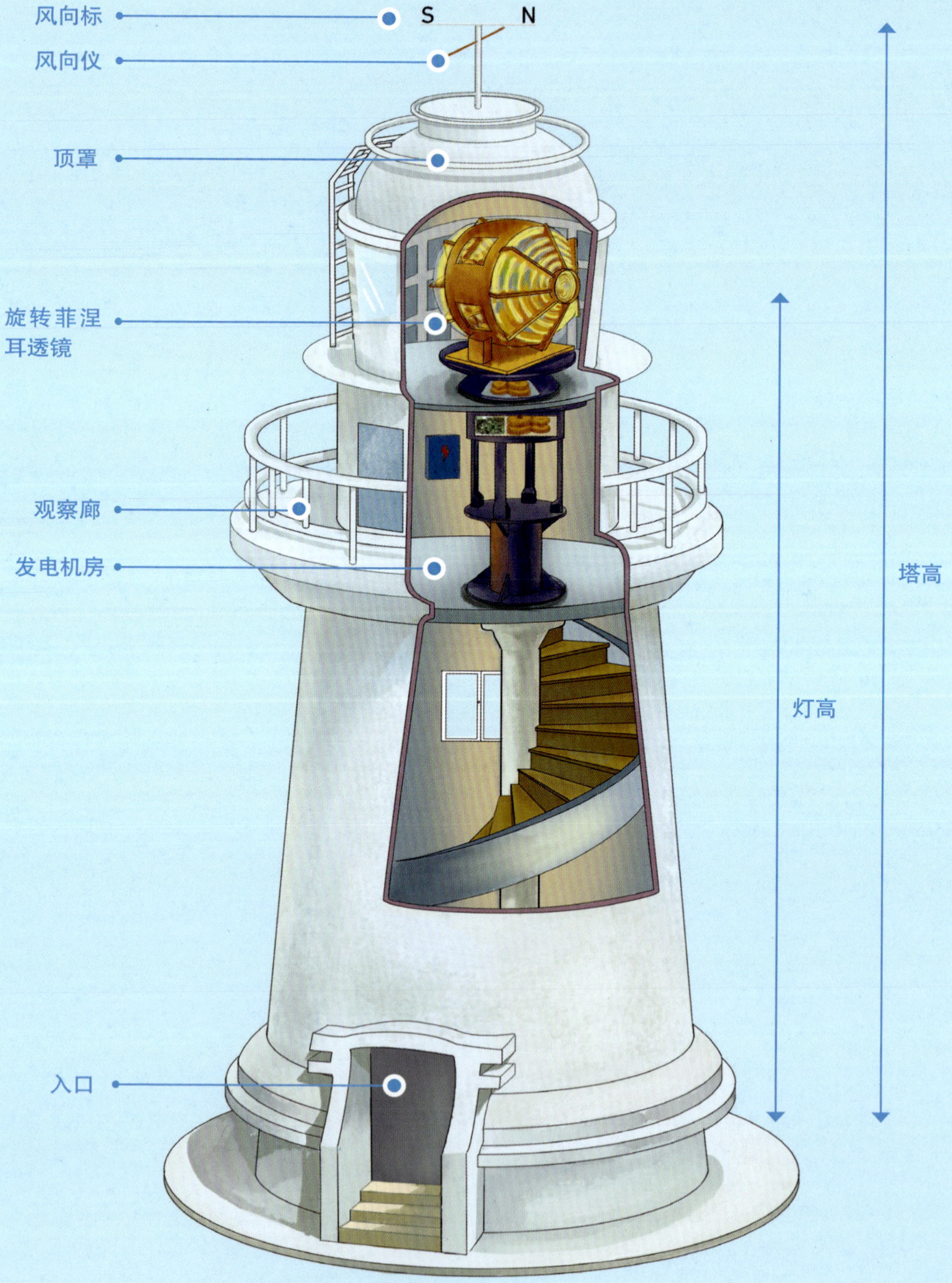

灯塔是协助水上航行的视觉航标。航标，全称为助航标志，就像“水上红绿灯”，以特定的标志、灯光、音响或无线电等形式发出信号，协助附近船舶确定位置和航向，避离危险，让船舶安全航行。航标有许多种类，按工作原理分类的话，有视觉航标、音响航标和无线电航标。视觉航标，顾名思义，即供航海人员直接目视观测的航标，形状与颜色都易辨认，可安装灯器及其他设备，包括有固定位置的灯塔、灯桩、立标以及浮动在海面上的灯浮标、浮标、灯船和导标等类型。

灯塔出现之初，大多建在海岸上，用作地标，导航作用较小。古代灯塔以火作为光源，通常是燃烧的木材、蜡烛或动植物油脂。火源后方安有镜子，下方是动力系统，守塔人让镜子匀速转动，以保证光亮射向各个方向。随着大航海时代的来临，航海技术的发展也促进了现代灯塔的转型，技术核心是灯塔的照明系统。

18世纪末，阿尔冈灯出现了——用中空的玻璃管罩住灯芯，保证灯芯获得更充足的氧气，火焰变得更亮更稳定。19世纪初，法国人奥古斯丁·菲涅耳发明了菲涅耳透镜。这是一种较轻薄的玻璃镜片，一边是光滑的平面，另一边是凸面同心圆纹理，与实心球面透镜拥有相同光学效果。菲涅耳透镜既能保留凸透镜折射形成的平行光，又减轻了透镜重量，降低了制作成本。阿尔冈灯与菲涅耳透镜的结合，实现了灯塔史上质的飞跃。20世纪初，乙炔储罐、频闪气阀和日光开关的发明，让设在远洋、暗礁上的灯塔也无须人员常驻值守。现在的灯塔基本上使用电灯照明和电机驱动。

中国沿海地区最早的现代灯塔是建于1865年的澳门东望洋灯塔，属“澳门八景”之一。旅大半岛的第一座灯塔是位于旅顺口区的老铁山灯塔，于1893年正式投入使用。时至今日，大连市共有15座灯塔，其中4座灯塔（桩）被列为文物保护单位。

老铁山灯塔
——大连市的第一座灯塔

全国重点文物保护单位

- **始建时间：** 1893 年
- **位置：** 38° 51.9′ N，121° 49.5′ E
- **灯质：** 闪 (2) 白 30 秒
- **灯高：** 100 米
- **射程：** 25 海里
- **构造：** 白色圆柱形铁塔，14.2 米

被国际航标协会（IALA）评选为“世界100座文物灯塔”之一

大三山岛灯塔
——大连港的第一座灯塔

- **始建时间：** 1903 年
- **位置：** 38° 51.9′ N，121° 49.5′ E
- **灯质：** 闪白 10 秒
- **灯高：** 81 米
- **射程：** 23 海里
- **灯器：** 500 毫米双面牛眼透镜 / PRB-20 旋转平台金属卤化物灯 1000 瓦
- **构造：** 白色圆柱形石砌塔，12.5 米

长兴岛灯塔

- **位置：** 39° 31.5′ N，121° 13.7′ E
- **灯质：** 闪白 25 秒
- **灯高：** 199.4 米
- **射程：** 25 海里
- **构造：** 白色圆柱形混凝土塔，10.0 米

黄白咀灯塔

- **位置：** 38° 54.2′ N，121° 43.0′ E
- **灯质：** 互白红 10 秒
- **灯高：** 95.1 米
- **射程：** 白 20 海里，红 10 海里
- **构造：** 白色圆柱形混凝土塔，15.6 米

红白“双子星”
——大连港东口北灯桩

- **始建时间：**1913 年
- **位置：**38° 56.3′ N，121° 40.2′ E
- **灯质：**等明暗白 12 秒
- **灯高：**13.1 米
- **射程：**5 海里
- **构造：**白色圆柱形石砌桩身，12.5 米

◎灯塔与灯桩的根本区别在于，灯塔多设在高山处，灯桩一般设在沿海岛屿、海中礁石、防波堤堤头、岸边岬角附近。因此，灯塔的绝对灯高远大于灯桩，射程也更远。

红白“双子星”
——大连港东口南灯桩

- **始建时间：**1912 年
- **位置：**38° 56.1′ N，121° 40.1′ E
- **灯质：**等明暗白 12 秒
- **灯高：**11.3 米
- **射程：**6 海里
- **构造：**红色圆柱形石砌桩身，12.6 米

PART 2

海城

大连是一个控海临陆的地理中枢，作为海陆通衢，历经了各种过往——大连地区早在1.7万年前就有古人类活动，在历朝历代发挥着交通枢纽的重要作用，更是在近代成为军事、经济纷争的角力中心。在历史洪流的激荡中，大连的地位随之起伏跌宕，逐渐成为东北最大的海港城市，变成如今轻盈、开放的模样。历史积淀决定了一个城市的当代面貌，本章以当代大连为锚点，回望大连历史中的决定性瞬间，用大连的纵向切面，展示这座城市在历史中淬炼出的人文精华；同时，通过对这座“广场之城”的白描，触摸城市肌理，沉浸式体验浪漫大连，发现市井生活的人间烟火。

东亚文化之都：

辽东湾上的明珠

中国东部蜿蜒曲折的1.8万千米的海岸线，分布着一座座滨海之城，犹如一颗颗明珠。但像大连这般拥有如此得天独厚的地理位置和自然环境的海港城市却是屈指可数。

以大连为中心环顾四周，向东相望朝鲜半岛和日本，向北有广阔、肥沃的东北平原，向西面朝渤海，向南又与山东半岛隔海相对，共同扼守着黄海、渤海咽喉。再加上天然的深水良港，大连注定要有一段不平凡的经历。百余年的磨砺深刻塑造了这座城市独特的韵味与内涵，历史早已沉淀到城市的每一个角落。大连每一条街道、每一栋建筑，与不断被海浪冲刷的礁石海岸一道，无声地诉说着往昔岁月。

城市的发展同人生一样，总有那么几个改变命运的关键时刻。我们就通过这些时刻，来审视大连厚重的历史。

海陆要冲

大连是一座年轻的城市，建市史不过百余年，但因其海陆通衢的地理属性，历经了许多纷争和起伏。

今天的大连和旅顺地区，早在一万七千年前就有古人类活动，在距今七千年前便存在人类的村落。散布于旅大各处的史前遗迹，诸如古龙山遗迹、小珠山遗址、郭家村遗址和双陀子遗址，都是这一地区从旧石器时代到青铜器时代数千载岁月的见证。尤其值得一提的是，旅顺的郭家村文化遗址出土的陶鼎、陶壶等文物，均与隔海相望的山东大汶口文化的器物相似，证明两地原同属一个文化圈。五千年前的大连，便与山东半岛有着紧密的文化关联，其交通枢纽的地位在当时已然显现。

旅顺口区郭家村遗址属新石器时代遗址，发掘出大量石器和陶器，分上下两个文化层，下层年代距今约五千年，是山东大汶口文化的分支；上层年代距今约四千年，受到了山东

星海湾大桥

刻纹红陶盂

距今约 5000 年

现藏于旅顺博物馆

网格纹陶壶

距今约 4000 年

现藏于旅顺博物馆

西汉“昭明”铜镜

公元前 202—公元 8 年

现藏于旅顺博物馆

战国铜剑

公元前 475—公元前 221 年

现藏于旅顺博物馆

战国青铜曲刃短剑

公元前 475—公元前 221 年

现藏于旅顺博物馆

龙山文化的影响。

自战国后期开始，“在戎在商”成为大连这个辽东名郡的最早名片。燕昭王率军在辽东开疆拓土，大连地区自此并入燕国辽东郡，成为当地行政建制之始。作为燕国的东北边陲，大连出土了极多的布币和青铜兵器。公元前221年，随着秦国统一华夏，大连所属的辽东郡被沿袭下来，成为秦朝三十六郡之一。汉代时，当地社会经济得到长足发展，而最能反映这一时期大连面貌的，当属现位于今旅顺口区铁山街道的牧羊城遗址。

牧羊城背山面海，是两千多年前沟通山东半岛与辽东半岛的重要港口。也正因如此，从山东、河北等地来到辽东半岛拓垦的移民最先抵达的便是这里。从当地大量发现的汉代贝壳墓、砖墓以及居室遗址来看，牧羊城一带应该是一个人口密集、经济相对发达的地区。

位于旅顺口区的牧羊城遗址属于汉代遗址，其中出土了大量石器、陶器及多个年代的货币等文物。

东汉的覆灭对大连而言可不仅仅是王朝兴替那么简单。在横跨三百余年的三国两晋南北朝时期，大连成为中华民族大融合的“试验场”。

西晋初年，随着中原王朝实力的衰弱，大连已被来自北方的鲜卑人占据。到了五胡十六国时期，此地并入鲜卑慕容氏建立的前燕政权，但不久之后辽东地区又被高句丽占据，时间长达两个半世纪。大连也因此见证了汉唐之际各民族的大融合。

此后，在长白山兴起的粟末靺鞨部首领大祚荣，在辽东半岛建立起政权。唐玄宗开元元年（713年）派出鸿胪卿崔忻出使渤海，册封大祚荣为渤海郡王。崔忻一行从长安出发，在山东登州乘船沿海路抵达旅顺，再经陆路北上渤海国王都。次年，崔忻回程时再次途经旅顺，便在今黄金山下凿井两口，并刻石留念。这便是著名的“鸿胪井刻石”，它证明旅顺在唐朝

“作为海陆枢纽和天然良港，大连的城市发展与海洋息息相关”

时便已成为中原王朝沟通辽东、东北亚的重要枢纽。

随着907年唐朝的灭亡，在辽金元统治的四个多世纪中，大连地区的社会经济又有了相当程度的发展，其海陆交通枢纽的地位在经济和贸易活动中愈加凸显。

20世纪80年代以来，大连地区接连发现多处古钱币窖藏，诸如七顶山乡的傅家村窖藏、瓦房店市杨家乡的单家村古钱窖等。这些古钱币窖藏发现的古代铜钱种类齐全、时间跨度大，上起战国刀币和秦半两，下至南宋的乾道元宝和金朝的大定通宝，显示出大连地区当年的繁荣。

明朝加强了对辽东的统治和防御，在大连地区建立卫所，驻兵五万余人，还修筑了城池边墙，借此加强当地的边防。明清两朝，大量来自河北、山东的移民经海路抵达辽东半岛进行拓垦，对当地的社会经济发展有十分深远的影响。大连方言与青岛、烟台等地通行的官话被统称为“胶辽官话”，而大连人说话的那股子“海蛎子味儿”正是这段移民史的遗产之一。

作为海陆枢纽和天然良港，大连的城市发展与海洋息息相关。当人类扬帆远航的冲动战胜了安土重迁的惯性后，大航海时代来临了。而大连这个曾经并不起眼的中国北方海滨小城，也被历史的巨浪裹挟。

大连地区出土的古钱币窖藏，显示了当地历史上的繁荣。
Ⅰ文帝四铢半两（西汉，公元前 175 年）/ Ⅱ 五铢（西汉，公元前 118—公元 8 年）/ Ⅲ 高后八铢半两（西汉，公元前 186 年）/ Ⅳ 剪轮五铢（东汉晚期，公元 168—公元 220 年）

Ⅰ Ⅱ Ⅲ Ⅳ

从工业城市到浪漫之都

中华人民共和国成立后，历经社会主义改造的大连在造船、机车、重工、石化以及轴承等多个领域取得了长足进步，涌现出一大批全国闻名的共和国工业巨擘，为中国的工业化做出了杰出贡献。大连工业门类齐全、技术基础雄厚，拥有一支具有工匠精神的产业工人队伍，为改革开放后的飞跃式发展奠定了坚实基础。

1984年是大连发展过程中极为关键的一年。为鼓励对外经济合作和技术交流，中共中央、国务院决定进一步开放大连等14座沿海城市。厚积薄发的大连迎来展翅腾飞的机会，不但

夜晚依旧灯火通明的大连港是新时代大连的写照，忙碌、从容，并且有着放眼世界的气魄

率先实现了产业转型，更令大连港再现了昔日的风采。新时代的大连焕发出开放、奋进的新光彩。

大连作为全国坐拥海岸线最长的城市，呈现出气象万千的海洋景观，让“浪漫大连”成为每一个到过大连的人难以忘却的美好回忆。如今，大连已焕然一新，蜕变为现代花园城市和浪漫之都。

大连悠闲的气度，源自日常生活的浸润。几十座大大小小、主题鲜明的广场成为大连一道最亮丽的风景线，更成就了大连“广场之城”的美名。这些视野开阔的广场彰显了大连辽远大气的城市气质，而广场之间密如蛛网的街道以及周边建筑所共同承载的波澜壮阔的历史，则赋予了大连人足够的文化自信。

东方水城的欧式建筑群，如今已成为大连的网红打卡地，同时也是婚纱摄影的热门景点

星海公园旁的标志性建筑
“城堡酒店”

触摸 ROUTE 4

历史之旅

推荐理由

建筑作为大连历史的见证者，展现了这座城市的“变”与“不变”。大连曾是整个东北亚地区不同建筑风格的“试验场”，留下了风格各异的建筑瑰宝。本路线通过这些饱经风雨的历史地标，丈量大连的过往，回望大连的来处。

重点推荐

- 中山广场建筑群：近代建筑博览会
- 旅顺博物馆：百年旅顺口
- 南山街区：异国风情街巷

辅助推荐

旅顺火车站、旅顺太阳沟历史文化街区

重点推荐

近代建筑博览会

中山广场建筑群

如果要评选大连最具代表性的城市建筑，那非中山广场建筑群莫属，这里的历史可以追溯到1899年。

沙俄最终规划大连时，将中山广场（当时的尼古拉耶夫广场）定位为城市中心，向四周辐射出10条街道。如果从高空俯瞰大连的中山区，就会发现这里的建筑分布如同涟漪，以圆形的中山广场为中心，一圈圈向外扩散。10座罗马复兴式、哥特式、新古典主义式以及和洋折中主义式的建筑物坐落在中山广场的各个路口，俨然“近代建筑博览会”。

中山广场建筑群不仅造型优雅古典，同时也承载着丰富的历史信息。大连民政署大楼、横滨正金银行大连支店、大清银行大连分行、大和旅馆、关东都督府邮便电信局、大连市役所、朝鲜银行大连支店、英国驻大连领事馆、东洋拓殖株式会社大连支店……每一座建筑都是大连一段历史的见证：从俄据到日据，再到抗日战争胜利、中华人民共和国成立。大连历史发展的痕迹在这些建筑上清晰可见。

探索家员员子小课堂

来这里看凝固的时间
——中山广场知多少

1909—1936

1899年，沙俄仿照巴黎对大连进行城市规划，以直径213米的圆形广场为中心，在周围放射状铺设10条道路，并环绕广场设计了政府、邮局、银行等机构。俄日战争结束后，关东都督府又对这里加以修建，直至二战前期才停止改造。这些建筑历经动荡，见证大连近代风云变幻，具有深远的历史意义与艺术价值，成为今日大连市的标志性景观。2001年，大连广场近代建筑群成为第五批全国重点文物保护单位，2017年入选中国20世纪建筑遗产名单。

位置	建成时间	旧址	现址	衔接路段
中山广场 1 号	1920 年	朝鲜银行大连支店	中国工商银行中山广场支行	民康街 中山路
中山广场 2 号	1908 年	大连民政署	辽沈银行大连分行	中山路 玉光街
中山广场 3 号	1914 年	英国驻大连领事馆	1995 年被拆除，2000 年修建为大连金融大厦	玉光街 延安路
中山广场 4 号	1914 年	大和旅馆	大连宾馆	延安路 解放街
中山广场 5 号	1920 年	大连市役所	中国工商银行大连市分行	解放街 鲁迅路
中山广场 6 号	1936 年	东洋拓殖株式会社大连支店	交通银行大连市分行	鲁迅路 人民路
中山广场 7 号	1910 年	大清银行大连支店	中信实业银行中山支行	人民路 七一街
中山广场 8 号	1951 年	（无旧址）	大连人民文化俱乐部	七一街 民生街
中山广场 9 号	1909 年	横滨正金银行大连支店	中国银行大连市分行	民生街 上海路
中山广场 10 号	1918 年	关东都督府 邮便电信局旧址	大连市邮政局	上海路 民康街

横滨正金银行大连支店旧址

占地面积 2804 平方米

设计风格 古典主义风格

保护级别 全国重点文物保护单位

古典主义风格指在古希腊建筑和古罗马建筑的基础上发展起来的意大利文艺复兴建筑、巴洛克建筑和古典复兴建筑，其共同特点是强调中轴线和柱式。横滨正金银行大连支店旧址就充分体现了这一点。它的正立面为五段划分，结构严谨对称。此外，三个墨绿色圆形穹窿，以及别致的断裂山花式窗楣，也为整座建筑增加了古典艺术魅力。

大连民政署旧址

占地面积 3350 平方米

设计风格 浪漫主义风格（哥特复兴）

保护级别 全国重点文物保护单位

浪漫主义风格是18世纪下半叶到19世纪下半叶，在浪漫主义文学思潮影响下流行起来的一种建筑风格，强调个性，主张用中世纪的艺术风格（尤其是哥特式风格）与古典主义艺术相抗衡。大连民政署旧址中央耸立的塔楼，以及多处尖锐的线条，都是这一风格的印证。这座建筑的外观为红色墙面与绿色屋顶，具有很高的辨识度，也因此成为中山广场近代建筑群中最具代表性的作品。

大和旅馆旧址

占地面积 1591.5 平方米

设计风格 巴洛克风格

保护级别 全国重点文物保护单位

门廊

巴洛克风格诞生于17世纪的意大利，带给人的直观感受就是——繁复与华丽，具有强烈的装饰性。大和旅馆旧址窗框精雕细琢的波浪状曲线，便是巴洛克的典型特征之一，外立面横竖分段，8根爱奥尼式扶壁柱穿插其中，规整感与节奏感并存。值得一提的是，溥仪皇帝曾下榻此处，电影《末代皇帝》也曾在这里取景。

旅顺博

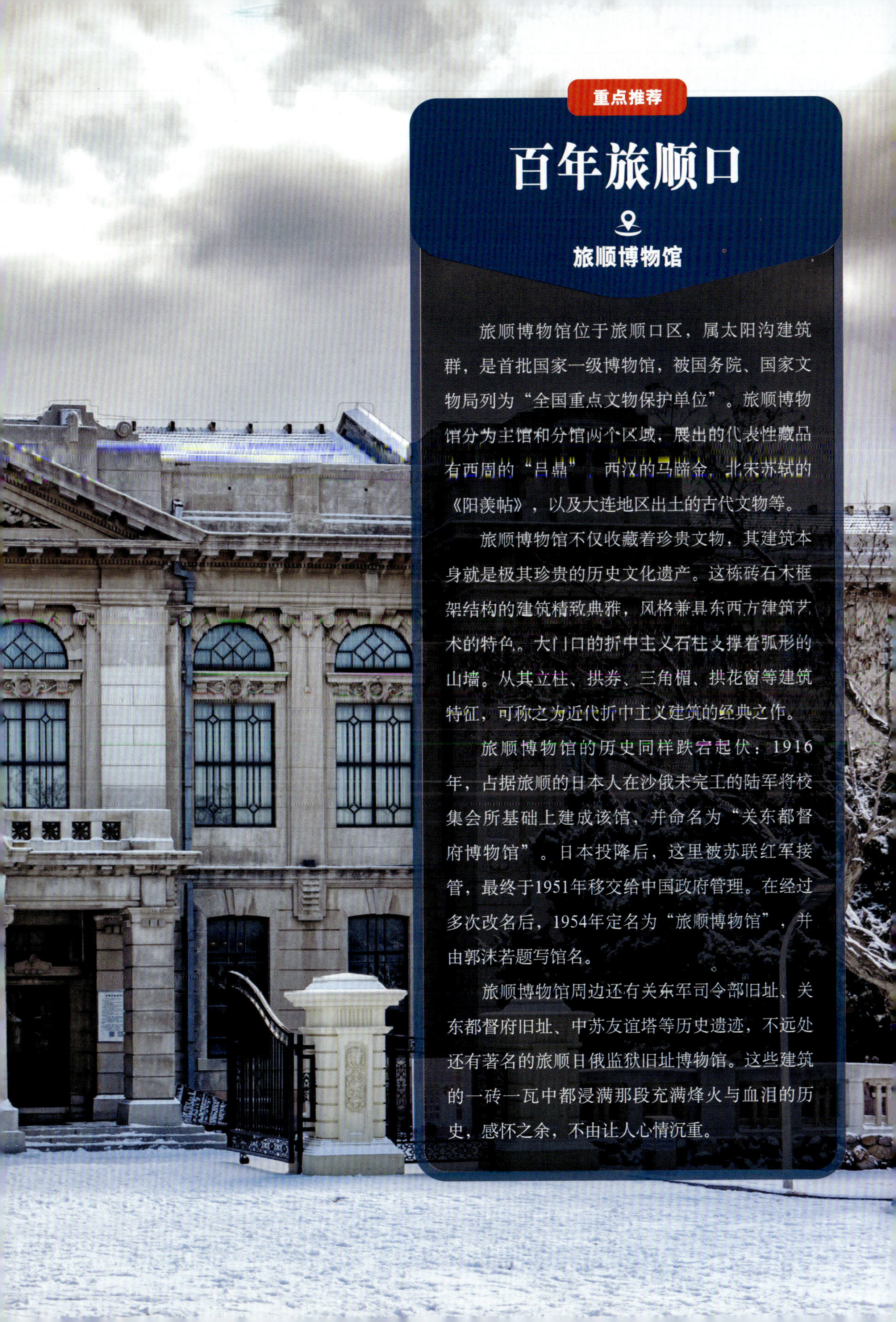

重点推荐

百年旅顺口

旅顺博物馆

旅顺博物馆位于旅顺口区，属太阳沟建筑群，是首批国家一级博物馆，被国务院、国家文物局列为“全国重点文物保护单位”。旅顺博物馆分为主馆和分馆两个区域，展出的代表性藏品有西周的“吕鼎”、西汉的马蹄金、北宋苏轼的《阳羡帖》，以及大连地区出土的古代文物等。

旅顺博物馆不仅收藏着珍贵文物，其建筑本身就是极其珍贵的历史文化遗产。这栋砖石木框架结构的建筑精致典雅，风格兼具东西方建筑艺术的特色。大门口的折中主义石柱支撑着弧形的山墙。从其立柱、拱券、三角楣、拱花窗等建筑特征，可称之为近代折中主义建筑的经典之作。

旅顺博物馆的历史同样跌宕起伏：1916年，占据旅顺的日本人在沙俄未完工的陆军将校集会所基础上建成该馆，并命名为“关东都督府博物馆”。日本投降后，这里被苏联红军接管，最终于1951年移交给中国政府管理。在经过多次改名后，1954年定名为“旅顺博物馆”，并由郭沫若题写馆名。

旅顺博物馆周边还有关东军司令部旧址、关东都督府旧址、中苏友谊塔等历史遗迹，不远处还有著名的旅顺日俄监狱旧址博物馆。这些建筑的一砖一瓦中都浸满那段充满烽火与血泪的历史，感怀之余，不由让人心情沉重。

重点推荐

异国风情街巷

南山街区

南山街区位于大连市中山区，指南山路一带的街区，实际范围不只南山路，还有七七街、济南街、望海街及山林街等街巷，以及游客熟悉的“南山旅游风情街”。南山街区分布着近代欧式与日式风格结合的砖木结构洋楼建筑群，并且有许多本地人在此居住，十分有生活气息。

南山街区有着悠久的历史，属于大连开发最早的地区，也是“日本房”最集中、建筑最精巧的区域之一。成片的独栋洋楼，让南山街区有了浓郁的异国风情。

自2000年以来，大连市开始对南山街区进行保护性改造，其中大部分历史建筑都已经过修复和改造，供百姓日常生活之用。身处大连最繁华的中山区，却能在南山街区的十里洋槐树下闹中取静，颇有大隐隐于市之感。在日常生活中感受历史的厚重，正是南山街区的迷人之处。

辅助推荐

旅顺火车站

旅顺火车站位于大连旅顺口区白玉山景区的西南侧，是东北铁路沿线保存最完整的欧式火车站建筑，被誉为“最文艺的火车站”。车站整体采用木质结构，覆满鱼鳞状的瓦片。车站内有保存完好的欧式站台（现已停用）。旅顺火车站虽不大，却见证了旅顺口的历史，极具研究价值，2013年列为全国重点文物保护单位。这里是建筑爱好者的必游地之一。

辅助推荐

旅顺太阳沟历史文化街区

太阳沟地处旅顺口区中心位置，建于沙俄时期，是国内保存近代历史遗址最多、保存最完整的历史街区。太阳沟景区较大，景点大都围绕列宁街小广场分布。游客可沿着列宁街小广场一边漫步，一边体味浓厚的历史。10月至11月可来太阳沟赏秋。那时候满树彩叶，一派诗情画意。这里也是电影《夏洛特烦恼》的取景地，欢迎来打卡影片同款风景。

逛城：

中山广场的城市夜色。这里是大连的金融区，各大银行林立，彰显着大连的繁荣与都市化

广场之城如何进化

作为山海之城的大连，地势并不算平坦，却分布着大大小小数十座规模不等的城市广场。可能很多人不知道，大连其实是中国广场最多的城市，是当之无愧的“广场之城”。在众多广场中，有的与高大宏伟的历史建筑相伴，记录着城市的发展轨迹；有的已成为大连的名片，因为有轨电车或音乐喷泉等特色吸引无数游客驻足；还有些广场看似只是街头巷尾的花园，却默默滋养了包容、开放的城市精神，也在潜移默化中塑造着市民的日常生活。

这些大大小小的广场，勾勒出大连的城市发展脉络，也书写了一部简明、生动的城市发展史——从广场的建筑风格、功能乃至地名的变化中，就可以读懂这些空间如何从宗教、权力的象征物，逐渐演化成为市民的生活空间，而那些跌宕起伏的宏大叙事，又曾如何冲击着古老东方的传统，最终沉淀为这座城市的“开放气质”。广场与街道，塑造了大连底蕴厚重又生意盎然的城市骨架，也记录着大连人不同时代的生活印记。

大连银行
BANK OF DALIAN
大连中心
60

缘起——远东的巴黎梦

19世纪末，一直渴望在远东寻找一个优良出海口的沙俄帝国，终于在中国东北的最南端发现了这座伸向渤海与黄海的半岛。尽管在今天的大连市区发展起来之前，旅大半岛上已经有金州、旅顺等重要城镇，但现代大连的诞生仍与俄国人密不可分。

1898年，清政府与沙俄签订不平等条约，将旅大地区租借给沙俄建设港口。旅顺延续了其既有的要塞功能，成为沙俄太平洋舰队的基地。与此同时，俄国人也试图在远东拓展其商业影响力，于是打算建设一座具备世界级影响力的巨型商港。在几处备选用地中，“维多利亚湾”（今大连港）凭借着天然良港优势，再加上同时适合建设铁路、港口与城市的地理条件，成为这座巨型商港的最终选址——这座港口城市被命名为“达里尼”，在俄语中为“远方”之意。

最初的城市规划方案把棋盘状路网作为城市的骨架，却忽略了一个最基本的事实：大连地势起伏、沟壑纵横，沿着规则的城市路网进行城市建设会遭遇地形的限制，无法充分利用空间，且建设成本很高昂。为此，一位年轻建筑师提出了全新的规划思路：他以巴黎的星形广场（今戴高乐广场）为蓝本，设计了一套放射状的城市路网，以适应大连的起伏地形。

“远东巴黎”的构想，成为指导大连城市规划的基础。建筑师在地势相对较高的台地上设计了若干广场，形成规划与视觉上的中心，也构建了开放式的城市格局。以广场为中心向四面八方辐射的路网，将山海风貌最大限度地融入城市景观，也顺理成章地体现了一种开放包容的城市精神。

大连美术馆
原建筑始建于1902年，曾是东清轮船会旧址。由于原建筑损毁严重，大连市政府于1996年拨专款落架重修，并将其辟为艺术展览馆

“大连放射状的路网，将山海风貌巧妙融入城市景观当中”

木板上的
时光

这座年轻的城市当然并非只是巴黎亦步亦趋的模仿者。它博采众长，借鉴了更多欧洲名城的成功之处，比如规划方案着意于在道路尽头的广场及周边华丽、优美的地标建筑，即景观学意义上的“对景”。这成为大连的一大亮点：有8座广场上坐落着教堂。附近街道道路上的行人，随时可能看到道路尽头的宏伟教堂。

不同教派、不同建筑风格的教堂，可以成为复杂路网中最醒目的路标，为行人“导航”。这种潜移默化的信赖感，也无形中提升了宗教信仰在日常生活中的地位。作为俄国国教的东正教，毋庸置疑地占据了当时最大的尼古拉耶夫广场（今中山广场），但始终没能完工。

百年前的城市风貌，在大连如今的城市景观中依旧能觅得踪迹。以威尼斯为蓝本建造的“东方水城”与现代混凝土建筑交映生辉

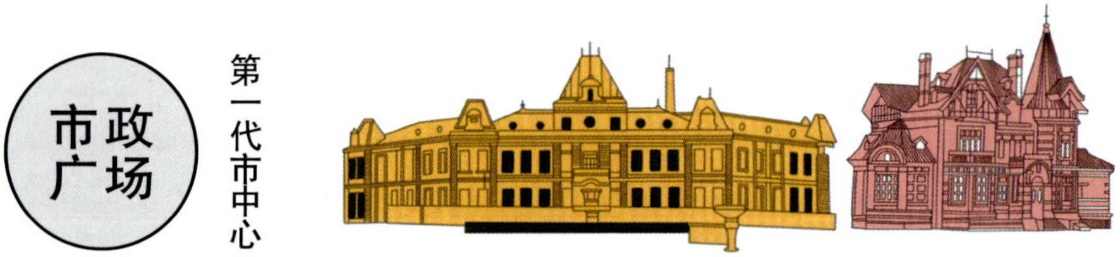

达里尼市政厅旧址

大连美术馆

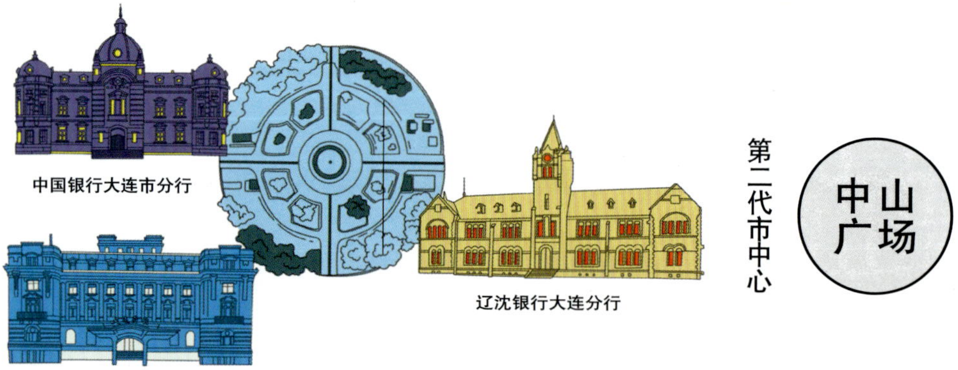

大连宾馆

城市进化——用广场锚定城市中心

在沙俄的规划中，大连被划分为三个区域：市政区、欧洲区和中国区。市政区最先建设起来，用两个重要的广场构成其轴线的两端：一端是象征着欧陆政治传统的市政广场，旁边的达里尼市政厅有着优雅的新古典主义风格；另一端则是被铁路一分为二的市心广场，中间由一座露西亚木桥（今胜利桥前身）相连，是欧洲区往返市政区的必经之路。连接市政广场与市心广场的大街被命名为“工程师大街”。这是大连市的第一条街道，大街两旁是市长官邸、轮船公司等俄式建筑，并成为大连最初的城市中心。

1904年，大连的整体规划已经完成，但是城市的欧洲区远未成型。也就在这一年，日俄战争爆发，再次改变了大连的名字与命运。俄国人在撤离达里尼之前，纵火焚毁了新落成的

达里尼市政厅

市政厅，而其断壁残垣似乎成为俄国战败的隐喻。1905年，卷土重来的日本人终于如愿以偿地占据了大连。接手大连的日本延续了其欧式的规划思想和建筑风格，并将建设的重点转向尚未建成的欧洲区。在战争结束的次年，南满铁道株式会社在东京成立，并很快将总部迁往大连。

这一时期，大连的城市中心从市政区转移至昔日的尼古拉耶夫广场。日本殖民者将其更名为“大广场”，并在周边大兴土木。数十年内，包括大连民政署、大连市役所、朝鲜银行、横滨正金银行、关东都督府邮便电信局在内的建筑相继落成，宣告着“达里尼”时代已经彻底成为过去。这座直径达213米的圆形广场向外辐射出10条道路，成为大连名副其实的心脏地带。

随着城市人口的迅速扩张与交通流量的剧增，蛛网般密集的道路逐渐暴露出许多缺陷。在1919年制订的扩充规划中，日本人在城市西面的中国区重新使用最初的棋盘状路网格局，但仍然延续了广场作为区域核心的理念——长者广场、大正广场、回春广场、黄金广场都成为当时大连城内重要的交通节点与公共空间。自此大连的第三代“市中心”逐渐成形。1937年，日本人将关东州厅由旅顺迁至大连，其驻地就位于长者广场以北，而在广场的东西两侧，分别矗立着关东厅警察署和关东厅地方法院，构成三足鼎立的城市景观。如今这些建筑分属大连市政府、公安局与法院，而长者广场也早已成为人民广场。

大连的城市规划史，也激起了悠远的涟漪——大连成为近代东北首座

“作为近代城市建设的试验场，大连呈现出与传统中国城市截然不同的城市形态”

人民广场是大连现在的城市中心，巨大的方格状广场绿地极具标志性

2005 年，辽宁省测绘局在中山广场中心点处设置了一块铜制圆盘，将此处定为“大连测绘基准点”

环形放射状城市，也影响到长春、沈阳、抚顺等东北城市的规划。大连作为近代城市规划的试验场，其融合圆形广场、斜向放射路与方格路网的规划方案在东北被反复使用，从而塑造出与传统中国城市截然不同的城市形态与城市景观。

大连众多的广场正是这种城市规划理念的“遗产”。漫漫百余年，大连的广场作为一种公共空间，联结起城市中的不同节点，而交织其间的道路不但让市内交通更便捷，也为市民提供了更多日常生活空间。广场与周边山海相依、错落起伏的自然环境相辅相成。站在广场上极目远眺，能看到由山、海与高楼大厦所勾勒出的天际线。大连因地制宜的城市规划造就了一种独属于大连的浪漫城市美学。

广场——历史的基因

权力空间的更迭、广场建筑的变迁，乃至地名的流变，都折射出特定的时代背景。大连的城市中心从市政广场、中山广场到人民广场的“三级跳”，勾勒出城市的发展轨迹。时至今日，广场也深深地融入大连人的日常生活中，但不再是威严肃穆的宗教圣地或权力中心。

在大连，并非所有广场都有显赫的地位或庞大的体量。许多小巧的街心公园乃至路口也被冠以广场之名。日据时期修建的回春广场（今五一广场），就是将放射状道路嵌入方格路网后的产物。这个路口被改造为一处三角形的街心公园，201路电车就从一旁的长江路上驶过，穿越百年岁月的“铛铛声”清脆依旧。如今鞍山路与东北路的路口，其实是昔日的回春广场。更古老的胜利桥两端，也都曾设计有放射状的广场。只不过这些广场因道路的不断扩建而湮没无闻，看起来像稍显宽阔的路口。

无怪乎，不少大连人早已对广场习以为常。然而与那些现代的超大型广场相比，五一广场、希望广场才更加贴近我们的生活，无论作为电车外偶尔闪过的城市公园，还是某家临街店铺限定的窗外风景。

如果广场可以演变成路口，那么道路也可以超越简单的通行功能而化为一道景观。大连的各大广场周边，纵横的街道确实极具特色。南山路、七七街等街道两旁，仍然保留着许多俄日时期的别墅。假如广场象征着自上而下的权力意志，那么这些自由发散的街道则有更强的自主性和生命力。

1908年，正是在“日本房”林立的南山一带，出现了大连地区第一份中文报纸《泰东日报》。社长傅立鱼长期撰写时事评论，针砭时弊，使之逐渐发展成为东北地区最受欢迎的中文进步报纸。1920年，在天津街一带，傅立鱼又创办了大连第一个爱国进步团体“中华青年会”。1922年，他创立了大中印书馆，成为大连首家中资书店。次年他又开办《新文化》月刊，成为新文化运动中东北地

201 路电车驶过街头

201区间
7-2271
7-2271

愛心座椅

区的一面旗帜。以傅立鱼为代表的爱国人士，为日本统治下的大连留下了宝贵的精神财富——至1945年，大连的中文书店已达54家，成为北方重要的文化与出版中心。这份宝贵的历史遗产也延续保存至今天。

尼古拉耶夫广场在中华人民共和国成立后更名为中山广场。在这座圆形广场的正中心，有一块铜制圆盘，标记着现代大连的测绘基准点。广场周围的历史建筑也得到了很好的保存。如今这里是大连最富文化气氛的区域。在附近街道漫步，随时可能偶遇一家“宝藏书店”，比如极富选书品位的木文堂、永东书店，以及24小时营业的盛文北方新生活书店。子夜时分，书店灯光洒在寂静的民生街头，犹如一座座照亮思想的灯塔。

在海风的温柔吹拂下，历史的沧桑早已在一代代大连人的市井生活中被逐渐抚平，并转化为开放、包容、浪漫的城市气质，而广场是这一切的见证者，也是大连人生活与心灵的“锚点”。

⊲ 201 路电车车厢内部

对大连人来说，有轨电车已不单单是一种交通工具，而是城市多元文化和发展历史的载体。百年来有轨电车始终与这座城市相伴，见证了沧桑巨变、岁月流转，大连也因此成为中国大陆地区仅存的有轨电车从未中断过的城市。201 路电车不仅是宝贵的工业遗产，也是深受外地游客喜爱的体验项目和打卡景点

大连是全国唯一一个能在市区内遇见野生梅花鹿的城市，浪漫、开放的城市气质由此可见一斑

漫游 ROUTE 5
街巷之旅

推荐理由

大连因广场数量冠绝全国，被称为“广场之城”，贯穿其中的老街巷道，让大连市井生活格外闲适。本路线推荐具有地域特色的广场，以及深受大连本地人喜爱的公园，在这些特色公共空间里，看见大连市井，感受最真实、最日常的大连生活。

重点推荐

- 星海公园：海湾旁的百年公园
- 人民广场：独树一帜的地标广场
- 富国公园：“最美夜景”打卡点

辅助推荐

傅家庄海滨浴场、奥林匹克广场、海之韵公园

重点推荐

海湾旁的百年公园

星海公园

星海公园位于沙河口区，是大连市内最大的滨海公园，旧称“星之浦游园”，于1910年开始修建，是名副其实的百年公园。整个公园分为两个部分，一部分为拥有各种娱乐设施的沿岸公园，另一部分为海水浴场。

沿岸公园是个大型游乐园，有放着音乐的旋转木马、童趣十足的碰碰车和俯瞰大海的摩天轮等游戏项目。此外，以118米长海底通道闻名全国的圣亚海洋世界、高达55米的海上蹦极跳台也都位于这里。

海水浴场的海滩平缓绵长，水位恰到好处，能让不同年龄的人尽情享受与海水亲近的快乐。你可以乘快艇在大海上风驰电掣，也可以在海边漫步、搭帐篷露营、喂食漫天飞舞的海鸥，抑或坐在咖啡馆中发呆看海……每一项都能让你远离烦恼，治愈身心。

如今，星海公园的魅力并没有因百年岁月的洗礼而有所逊色，反而随着时代的发展而展现新的风貌。星海公园旁新建的ACX星海艺术中心，经常举办各类艺术展览，而公园里也会不定期开办沙滩市集，售卖文创和美食。那些年轻的摊主和艺术家无一不在展现着大连年轻又充满激情的一面。

重点推荐

独树一帜的地标广场

人民广场

人民广场位于西岗区，始建于1914年，历史上曾数度易名。人民广场的形状在大连诸多的广场中独树一帜，它是由四个小正方形拼接构成的大正方形。对称式的方格状布局让它少了一份圆润，多了一份规整。广场总面积为12.5万平方米，其中草坪面积为4万平方米。市内主干道中山路与广场的南北轴线垂直，并从广场中间穿过。

人民广场也是大连的政治中心。市人民政府、市中级人民法院、市公安局坐落在北广场的三面，广场南端则有一座白色欧式长廊，廊前有水池和大型音乐喷泉。夏季时，每天上午、下午和晚上都有喷泉表演，水柱会随着乐曲节奏“翩翩起舞”，游客则可以在水帘后的廊厅中穿行或小憩。每周一早晨日出时分，喷泉前9.9米见方的升旗台上，五星红旗都会与旭日同步升起。许多游客会专门赶来观看升旗仪式。

重点推荐

“最美夜景”打卡点

富国公园

位于沙河口区的富国公园，原本是一座只有当地人光顾的小型公园，最近却成为新晋网红夜景打卡点，引得游人如织。“东有电视观光塔，西有富国观景台”，足以证明富国公园在大连“夜景界”的地位。

富国公园建在距星海湾不远的山丘上，海拔不高，步行20分钟左右就能登顶。站在山顶可鸟瞰星海公园和黑石礁海滨。拍摄夜景一般选在山脊路东端的观海亭，此处配有休息座椅和凭海眺望的栏杆。富国公园让大连夜景的“大简大美”发挥到了极致：这里没有过多灯光干扰，观景台上只有眼前的万家灯火和车水马龙。

在富国公园不仅可以饱览大连夜间的美丽，白天也有丰富多彩的活动。公园以“健康·运动”为主题，将山海览胜与登山、健身完美结合。需要注意的是，富国公园的夜景虽美，但公园内整体布灯较少，夜间爬山有一定的安全隐患，最好携带照明装备并结伴前往。

辅助推荐

傅家庄海滨浴场

位于大连西岗区的傅家庄公园，是全市四大海水浴场中唯一的沙海浴场。公园所在的海岸线，视野非常开阔，其东西两面为高坡，中间是大片金色海滩，集海、山、岛、礁、滩于一体。游人可以站在沙滩上等待浪花涌上，与海洋亲密接触，也可以站在高高的礁石上远眺海平面，看行船点点，还可以坐在沙滩发呆，听海浪，看海鸥。退潮的时候，可以光着脚到岸边捡拾各种海货和漂亮的石头，最后再看一场日落，在晚霞中结束完美的一天。在这里，对大海的各种浪漫想象都能得到满足。

辅助推荐

奥林匹克广场

大连西岗区的奥林匹克广场是为弘扬奥林匹克精神而建的体育主题广场。广场占地面积共6万平方米，分南北两部分：南边为足球场、网球场和门球场，配有一面巨大的液晶显示屏幕，经常放映体育赛事直播；北边矗立着象征奥运会的五环标志和大连的骄傲、首位代表中国参加奥运会的运动员——刘长春的雕塑。广场东西两侧各有一个音乐喷泉，旁边是综合购物中心恒隆广场。每到夜幕来临，巨型奥运五环便会亮起，整个广场灯火通明。

辅助推荐

海之韵公园

海之韵公园地处中山区，原名东海公园，是一个免费的大型城市公园。园内有两大奇景：一是7.6公里长，号称“十八盘”的盘山路，二是看似上坡其实是下坡路的“怪坡”。此外，公园中还有布满大型岩壁雕塑的“海底大峡谷”，海螺、螃蟹、扇贝、水母等海洋生物雕塑栩栩如生，深受小朋友欢迎。园内有付费游览车，可直达公园的各主要景点。海之韵公园是滨海路木栈道的东端起点。游客可乘坐有轨电车201路在“海之韵”站下车，再沿着木栈道信步看海，感受海洋对大连的眷顾。

PART 3

海吃

说到国内的海鲜产地，大家多会想起浙江、福建、海南等南方省份。实际上，不论从海鲜的品类或是品质来看，辽宁均可以称得上是海鲜大省。三面环海的大连是辽宁海鲜的主要产地，大连人向海而生，更是“无海鲜，不成席”。大连美食除了“鲜美”的底色之外，也体现出移民历史带来的风味融合，食材的本真、鲁菜的烹调、东北的豪放，共同交汇出大连的味与道。本章从自然地理的视角解析大连的“海大物博”，分析大连海鲜口感上乘的地理基因，介绍大连最有特色的海鲜和陆鲜；也从历史、文化的角度探寻“大连味道”的形成源流，带大家感受舌尖上的大连。

享味：

海陆双鲜，鲜从何来？北纬39°的鲜味密码

北纬39°，大连的纬度。这里，有着全世界独一无二的鲜味美学。

鲜味，是最难得的一种滋味，让人们心甘情愿跨越千里，孜孜不倦地搜寻其身影。中国人对鲜的追捧，离不开广阔的大海，而海边人近水楼台，率先学会了如何尝鲜。

作为东北地区唯一的沿海省份，辽宁省海域面积中的81%都在大连辖区。毫不夸张，大连拥有东三省最高级的海鲜审美，也代表了最海潮澎湃、鲜美爽嫩的辽宁，更在物流发达的今天走向全国，占据了中国海味的半壁江山。

海水越冷，海鲜就越热情

大连海鲜享誉全国，必须归功于一个秘密武器——黄海冷水团。

黄海冷水团，即黄海夏季底层水，面积约13万平方千米，水量约5000亿立方米。它是季节性冷水团，每年4月初形成，夏季最盛，直至秋季才消退，即便在月均温达到25℃的夏季，水深20米处依然能维持10℃以下的低温。

这就是北纬39°的魔力。在黄海冷水团的庇护下，大连成为海鲜的乐园，“4月里，开桃花，海参鲍鱼岸边爬”。同时，因为水温较低，海鲜的生长周期被拉长，比起暖水海域的同类，得以积累更多的氨基酸、蛋白质和脂肪，呈味物质多了，鲜味自然最盛。

海洋与人类友好协作，延续着一轮轮海鲜风味循环。大连有着漫长的基岩海岸线，沿岸礁石迂回曲折，是扇贝、牡蛎、鲍鱼等贝类，以及海参、裙带菜等北国至鲜的最佳生长环境。大连海鲜，在得天独厚的自然环境下，凭借其拔尖品质，成为“海辽宁”最亮眼的名片。

大连黄海海域的水下礁石，附着其上的海参和海胆

探索家员员子小课堂

一年四季，大连海鲜吃什么？

“不时不食”，即只有应时令、按季节才能品尝到食物最本真的味道。按照大连的这份海鲜年历，遍尝最肥美、最应季的鲜美滋味！

春

香波螺

赤贝

鱿鱼

辽参

夏

紫海胆

赤甲红蟹

海蜇

秋

大对虾

牡蛎

虾夷扇贝

冬

海肠

皱纹盘鲍

海参有许多品种，大连产的辽参品质尤佳

大连紫海胆（又名：光棘球海胆）个头大，外壳呈暗紫褐色，大棘长且尖，口感清淡甘甜

海参、海胆：
极致珍馐，北国名片

大连海鲜的名片，太多了。你看这海参、海胆，一面是其貌不扬，一面是价格高昂，只要来自大连，追捧者必然热情不减。

“辽参”以大连所产最佳。它是我国唯一一种温带海参，清代《本草纲目拾遗》即载有“海参辽产最佳，吴、浙、闽、粤者肥大无味”，直接让辽参“封神”；比起同类，辽参虽然个头略小，但肉质无比丰腴软糯，更有不可替代的鲜味，干制后名列“海八珍”之首，是烹饪诸如佛跳墙等珍馐佳肴的绝对主角。

北纬39°，辽参传奇，海胆生猛。大连当地以紫海胆为上品。它身圆刺硬，尖刺比黄海胆长一倍，也叫“刺锅子”；它的海胆黄呈芒果色，那馥郁香气、滑腻口感，还自带淡淡的海水滋味，一旦品尝过就难以忘怀。每年5月，个大饱满的野生海胆，会出没于沿岸海藻丰富的礁林石峰中，退潮时分就是捡海胆的快乐时光——现开现吃，海边的生活就是这么鲜美。

“海参辽产最佳，吴、浙、闽、粤者肥大无味”

探索家员员子小课堂

这个带刺的家伙真有料！

7 个海胆冷知识

1 海胆身上的刺有什么作用？

海胆犹如海中的小刺猬，浑身遍布棘刺，可以用于防身，让掠食者敬而远之。但即使这样，它们依旧是有天敌的，比如石鲷或狼鲷。石鲷和狼鲷牙口非常好，吃起海胆来犹如砍瓜切菜一般。

棘刺也是海胆移动的工具。它们用柔软的具有吸盘的管足吸附在石头或者藻类上，依靠较粗的棘刺进行移动，管足和棘刺相互协作，让海胆在海中畅行无阻。海胆还具有比棘刺更为细、更加脆的叉棘，这些叉棘是用来防御的，如果我们不小心踩到或者碰到这些叉棘，是很容易被刺伤的。

2 小海胆一出生就浑身是刺吗？

在繁殖季节，海胆通常会集群，同时释放出精子或者卵子，受精过后，受精卵会随波逐流，几天后，它们将形成早期海胆幼虫。此时的海胆和成年海胆一点也不同，它们具有细长且有鞭毛的腕，这些腕不仅仅可以让海胆幼虫具有一定的游泳能力，还能用来收集浮游藻类作为海胆幼虫的食物。海胆幼虫度过漂浮期后才会落地，慢慢地变成成体海胆的模样，长出棘刺和管足。

3 我们吃的“海胆黄”是海胆的什么部位？

我们通常在饭店里看到的海胆都是黄色的鱼子状固体，其实这是海胆的生殖腺。为了更好地保存鲜度，这些生殖腺会在海胆鲜活的时候被取出，放入木盒，在低温状态下运输（通常为1～5℃）。

4 公海胆和母海胆都有海胆黄吗？如何区分公母？

大部分的海胆是雌雄异体的，从外观几乎无法区分公母，只有取出生殖腺才能分辨。一般来说，在繁殖季节，雌雄海胆性腺的颜色略有不同，解剖后能看到白色浆液的是雄性，有黄色或橙黄色浆液的是雌性。当然，如果在实验室，还有许多方法可以得知海胆的公母，比如给繁殖季节的海胆通上10伏特交流电，那么它们会立即排出精子或卵子。

5 海胆黄的鲜甜味来源于什么，有什么营养？

海胆黄的鲜甜味主要源于谷氨酸和甘氨酸。海胆主要的食物是各种藻类，这让海胆黄富含蛋白质、膳食纤维、矿物质（如锌）和β胡萝卜素。此外，维生素C、维生素A以及Omega-3脂肪酸的含量也很高。

6 什么样的自然环境适合海胆生长？

海胆的主要食物是各种海藻，因此需要在藻类丰富、温度适宜的良好水环境下生长，一旦当地水域受到污染，海胆就会销声匿迹。海胆是非常好的水质监察员，如果海胆的数量突然减少或者消失，那么人们就需要关注当地的水质了，那片海域可能正在受到污染。

7 海胆在地球上存在了多久？

根据化石记录，海胆早在奥陶纪（距今4.4亿～4.8亿年）就存在于地球的海洋中了。下面这张图就是来自三叠纪的海胆化石，那时候的海胆从外观来看和现在的海胆是十分接近的，可以说亿万年间都没有发生很大的变化。

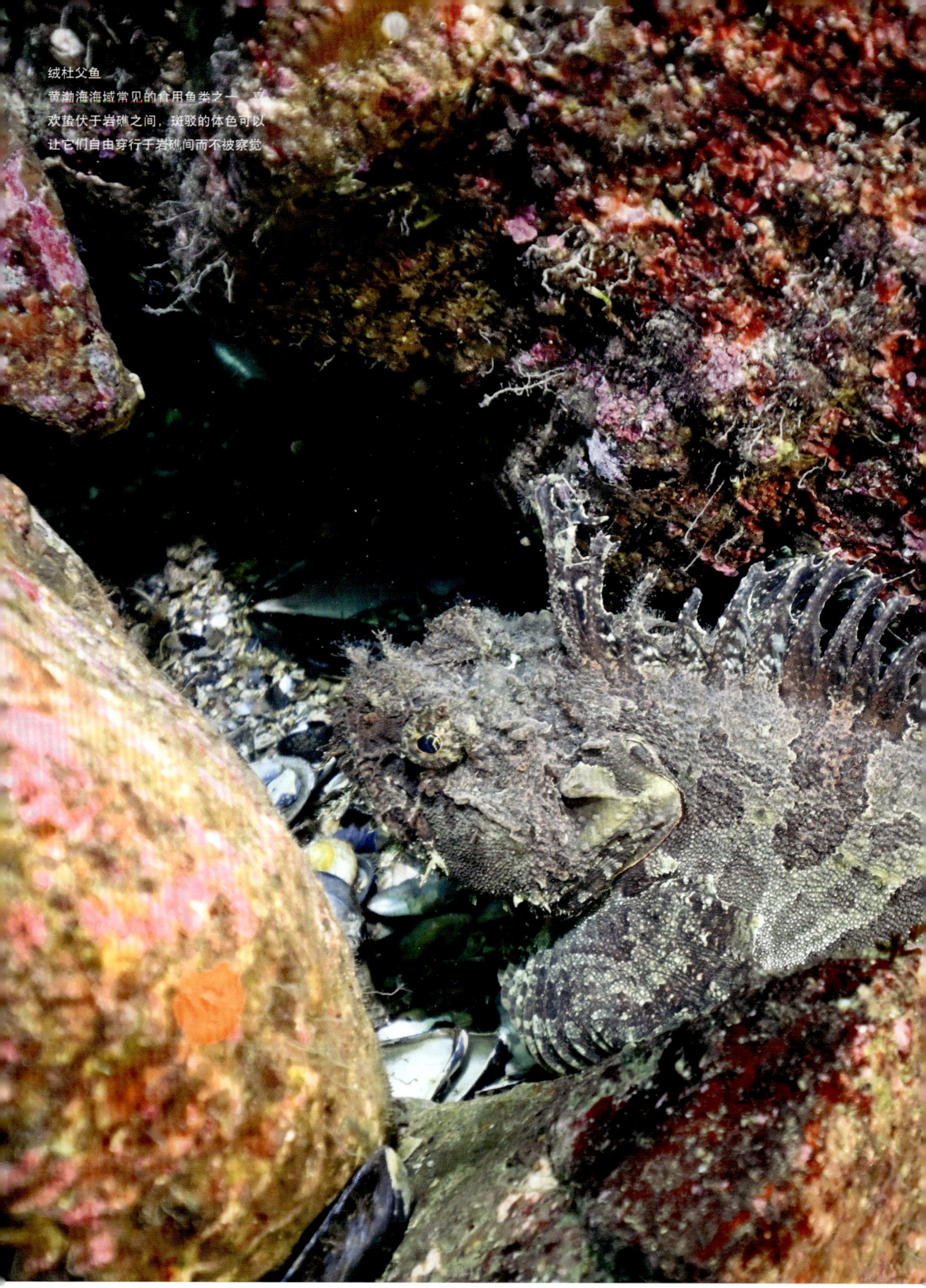

绒杜父鱼

黄渤海海域常见的食用鱼类之一，喜欢蛰伏于岩礁之间，斑驳的体色可以让它们自由穿行于岩礁间而不被察觉

盐爆海螺配泰式辣酱

黄条鰤刺身

Ⓐ
虾夷扇贝
多分布于淤泥少的海区和水深
不超过 40 米的沿岸区

虾夷扇贝、皱纹盘鲍：远道而来，鲜入寻常百姓家

大连的海，既是本地海鲜的乐园，更对外敞开大门，欢迎远方到来的鲜味落海生根。

虾夷扇贝，是又大又肥美的冷水贝类，原产于日本北海道、俄罗斯千岛群岛等水域。二十世纪八十年代，虾夷扇贝被引入中国。这种生物个头极大、喜好孤独，分散在砂石海底中，对生长环境要求极高。如今，在大连的长山群岛，虾夷扇贝已“落户成家”，不仅成为中国人的盘中珍味，更能出口创造外汇。

鲍鱼的名气，大家都听过。名贵的海鲜大菜，如广东盆菜、福建佛跳墙、溏心鲍鱼扒，都要用干鲍鱼，越大头的越贵；这些“大头鲍”，多半

⋀
皱纹盘鲍
多生活在深水区的岩礁地带，
昼伏夜出，在夜间觅食藻类

来自大连——这里的鲍鱼，又大又彪悍。

“大头鲍”的翘楚，是皱纹盘鲍。我国鲍鱼种类繁多，但在大连海域，自然分布的仅有皱纹盘鲍一种。它属于寒流系冷水种，尤其喜欢水质清澈、水流湍急、海藻丰富的海区，鲜鲍丰满弹牙，干鲍个大味美，是不可多得的北国珍品。

北纬39°的大连，是最早开展皱纹盘鲍人工养殖的地方。2003年，它们经历了一次“北鲍南养”，大连的鲍鱼幼苗被运到海南过冬，以解决低温问题，结果人们发现，鲍鱼生长速度比大连快25%，于是，杂交皱纹盘鲍开始向南方扩散，推进了我国的鲍鱼产业化。

2017年，凭借杂交皱纹盘鲍，中国成为世界第一大鲍鱼生产国。如今，中国鲍鱼年产量占全球约90%，产值超过200亿元，还带动了水产器材、海藻养殖、鲍鱼深加工等相关产业发展。这一大好局面的形成，大连功不可没。

蚬子、海蛎子：赶海人最懂的人间至味

海边长大的孩子，没有不会赶海的。只需把握住退潮的时间，就能收获来自大海的礼物。

大连有广阔的滩涂，这片每天进行海陆转换的潮间带，躲藏着各种野生贝类，常见的有白蚬子（四角蛤蜊）、黄蚬子（中国蛤蜊）、沙蚬子（菲律宾蛤仔）、文蛤、贻贝、竹蛏、日本镜蛤……除了滩涂，大连沿海诸多的海蚀地貌，礁石迂回曲折，也藏着无数能鲜掉牙的贝类，不但是海边人的天然食堂，一度也是赶海渔民发家致富的宝藏。

海蛎子，大连人最亲切的海鲜，它的学名是太平洋牡蛎，个头较小，但鲜味绝不输给同类。当地有民谣唱：“海退了，赶海了，海滩摊开了小饭碗，拿个窝头拌大葱，打碗蛎子吃个鲜。”

由于北方海水盐度高，水温低，海蛎子的口感更胜南方一筹。尽管生熟皆可，但在大连人眼里，海蛎只有生吃才对得起这份鲜美。有经验的赶海人只需用蛎钩子轻轻一撬，新鲜饱满的蛎肉就出现了，轻轻一吮，鲜甜气息混合着海水的一点点咸，这就是北纬39° 大连的美好。

海蛎子
学名为太平洋牡蛎，全球重要的养殖贝类

裙带菜：
不好意思，在下才是出口第一

裙带菜
暖温性海藻，适合在风浪较小且水质优良的海湾内养殖场生长，具有很高的经济价值

海鲜，也可以很朴素、日常。每年天气转暖，春风吹拂海面的时候，便进入了裙带菜的收获季。

这是一种大型海藻，叶片薄、口感脆，吃起来比紫菜更韧，又比海带更脆，炖汤也是鲜味满满。对于海边人而言，裙带菜是美好的蔬菜替代品，随手薅一把，开水略焯，拌上蒜泥、米醋、辣椒油，清爽又解腻。

同样在北纬39°附近，大连旅顺是

裙带菜的主产区，它处于黄海、渤海交界处，海水交换量大、盐度高、温度低，非常适合裙带菜生长。如今，大连的裙带菜产量占国内的85%以上，其中大部分出口日本，占领了日本至少一半的市场份额。没错，日本料理店常见的“中华海藻”，以及味噌汤中常见的昆布，都可能来自中国大连。

世界樱桃看中国，中国樱桃看大连

樱桃，是冬去春来的第一口“新鲜的甜”。与其争论叫樱桃还是车厘子，不如咬一颗来自大连的美早，或塞一把“恩特儿”进嘴里，抓紧时间尝尝这季节限定的甜蜜。

大连，地处北纬39°的寒暑交界地带，渤海、黄海之间，温带型半湿润大陆性季风气候。优越的地理气候条件，不仅让大连海鲜“能打”，更成就了大连丰富的陆产。如果说大连物产的富饶一面是海鲜，那另一面就是大樱桃。

初春3月，温室大棚里的美早率先红了枝头，味道甘甜、成熟最早，成为春寒料峭之时的果中珍品。这一颗颗红色玛瑙，闪烁着耀眼的光芒，口感饱满、果肉肥厚、甜酸适中，一口咬下去果汁喷薄而出；6月初，自然成熟的美早、红灯、红蜜、巨红、雷尼等品种次第出现，让这场甜蜜派对一直持续到7月，用敦实的晚红珠樱桃来完美收尾。

“中国樱桃看大连”，樱桃已然成为大连的物产金名片。这里，是世界公认的大樱桃最佳种植区之一。2018年，“大连大樱桃”获国家农产品地理标志认证；中国园艺学会樱桃分会，更授予大连全国首家“中国优质大樱桃示范区”的称号。

2021年，大连大樱桃总产量26万吨，其中，设施大樱桃产量达11.8万吨，占全国近50%规模。实际上，大连的“陆鲜”可不只有樱桃，还有苹果、桃子、草莓、蓝莓……从早春到深秋，大连陆鲜的精彩不曾间断。陆与海联结成一片丰饶的乐园，为大连持续书写着物产之繁、味道之鲜的“领鲜”传奇。

> “大连是世界公认的
> 大樱桃最佳种植区之一”

大连美早大樱桃

探索家员员子小课堂

樱桃、大樱桃、车厘子还在傻傻分不清？

大樱桃＝车厘子

车厘子其实就是樱桃的音译，特指欧洲甜樱桃这个物种，也就是我们俗称的大樱桃，原产于欧洲及亚洲西部。大连是我国最早引进大樱桃的地区之一，至今已有130多年的栽植历史。

大连市面上常见的大樱桃有30余个品种，既有从国外直接引进的，如来自俄罗斯的含香、加拿大的萨米特和美国的美早与雷尼等，也有自主培育的国产品种，如红灯、明珠等。大连大樱桃品质优良，除了得益于适宜的自然条件，大连农学专家几十年的选育工作也功不可没。如今大连培育成功的国产大樱桃家族有“五红”（红灯、红艳、红蜜、佳红、巨红），“七珠”（早红珠、晚红珠、明珠、绣珠、丽珠、饴珠、泰珠）和“三蜜”（蜜泉、蜜脆、蜜露）。

大樱桃≠樱桃

樱桃从先秦开始就被古人钟爱，在《本草纲目》中被记载，但这里的樱桃其实是一种直径在1厘米左右、皮薄多汁的水果，原产于我国，又称中国樱桃，与欧洲甜樱桃不是同一种水果。《吕氏春秋》中称它为含桃，因为它个头小巧，能被小鸟整颗含住吞下。由于樱桃对生长环境要求苛刻，且不易运输，因此在当前市场的竞争力不如大樱桃。

数料来源：大连市气象服务中心、大连市气象局樱桃气象服务中心与大连市现代农业生产发展服务中心联合发布的《2022年大樱桃成熟期预报》

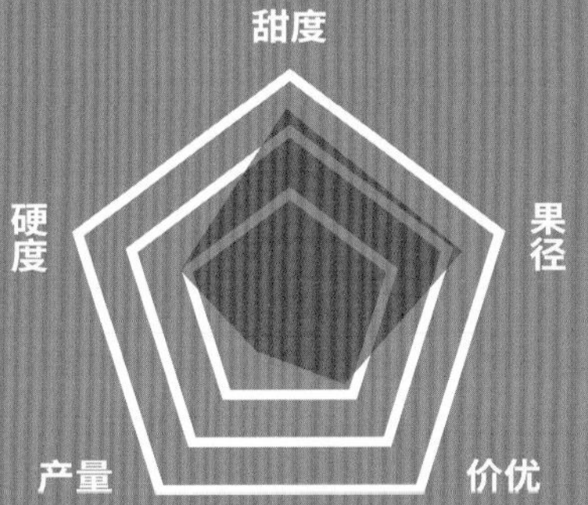

明珠

成熟期
6.5—6.10

红灯

成熟期
6.7—6.12

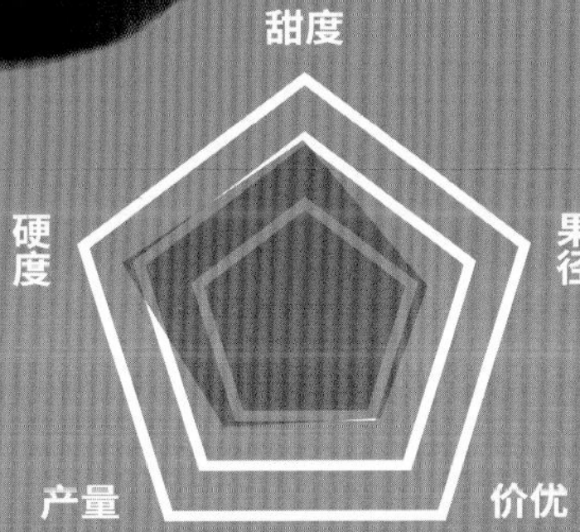

美早

成熟期
6.15—6.20

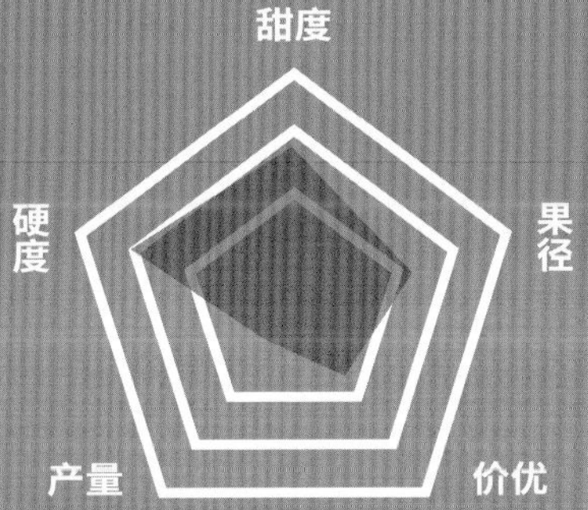

含香

成熟期
6.15—6.22

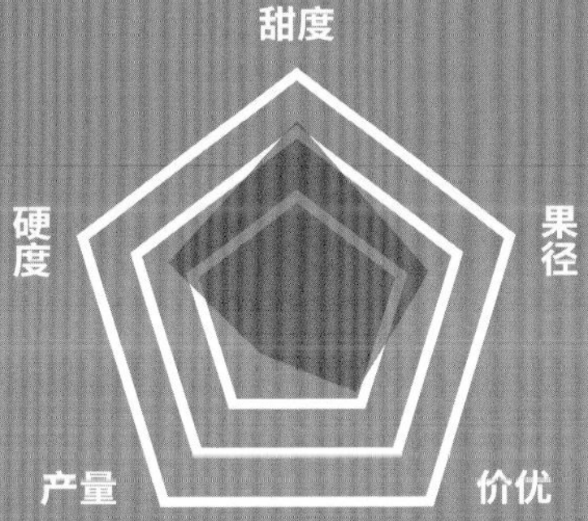

佳红

成熟期
6.21—6.25

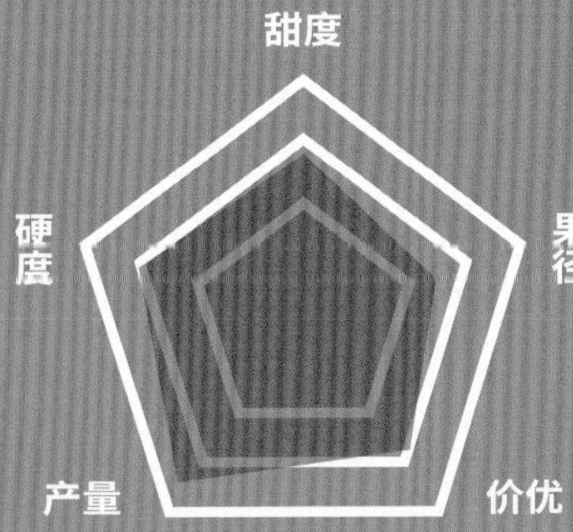

萨米特

成熟期
6.22—6.27

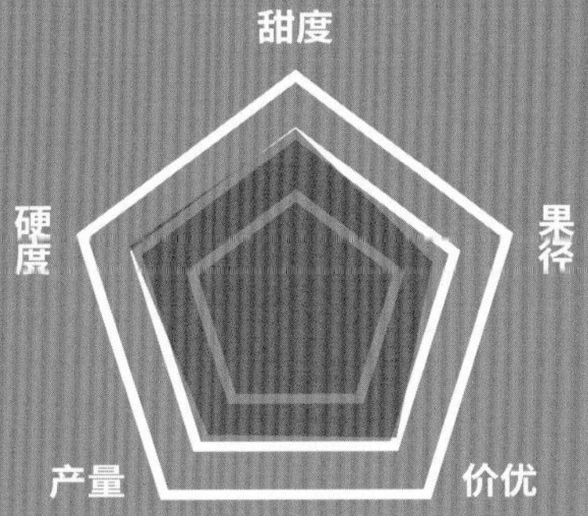

雷尼

成熟期
6.23—6.27

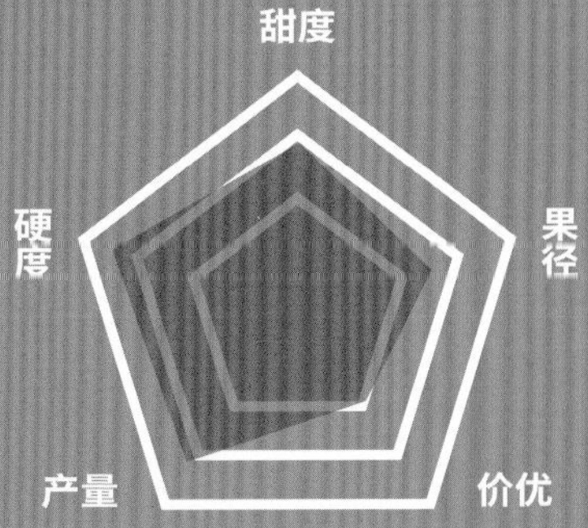

晚红珠

成熟期
6.30—7.10

尝鲜：

大连人的吃喝哲学

海洋是一座熠熠生辉的宝库，在大连的浅海、滩涂留下了礼物。大海的馈赠，奠定了大连味道中的天然底色，再加上历史的积淀，从而形成了独树一帜的大连之味——既保留了海的天然，又有鲁菜的大气和细腻。

大连人对大连之味的追求始于冒险，又因精湛的烹调技艺、开放包容的态度而不断演进，宛如日升月落，永不停息。但不变的是探索大连之味的初衷——它体现着大连人与海之间永恒的纽带。

最野的就是最鲜的

用最原始的方法吃出最鲜的味道，就是大连人不辜负大海美意的“靠海吃海”。

大连壮观的陆岛海岸线上多礁石、少沙滩，所以潮水涨落之间，一片片滩涂就构成了一个个天然海洋小食堂。这里出产一种大连人最熟悉的海产——海蛎子。俗话说“凉水蛎子热水蛤”，每逢入秋降温，海蛎子也要养膘过冬，因此从每年11月直到次年4月，都是海蛎子最肥美的时节。

以浮游生物为食的海蛎子，一般附着在浅滩礁石上。但大连人都是天生的“海蛎捕手”，用铁挠子把礁石上的蛎头一个个撬开，取出的新鲜蛎肉直接送到嘴里，要的就是大海培育出来的那口带着微甜微腥的鲜。要讲究一点的话，可以配生姜与醋，或者直接蘸着辣根吃，更添一股凛冽的味道。

大连人也喜欢用生的蛎肉就着烀得热乎乎的玉米面饼子吃。这无疑是海边野餐的最佳搭配，而海蛎子炖酸菜吃法，更平添几分东北风情——把

傅家庄的赶海者

大连海鲜烧烤的“门面担当”
烤海蛎子

极具大连当地特色的炒焖子

海蛎子和东北人最爱的酸菜，放入用骨头和五花肉熬制的肉汤中，再来点血肠，于是酸菜的软烂与海蛎子的鲜共同造就大连特色的海鲜杀猪菜。

赶海可不止有海蛎子。潮汐将各种海鲜送到了大连人的“家门口”——挖海蛎、捡海肠、抓螃蟹子、掏蚆蛸、扒蚬子、钓蛏子、逮虾爬子……寻找大海的种种馈赠，其乐无穷。赶来的海味，也要延续大连人对鲜的推崇，要么开水一煮，要么迎着咸湿的海风直接大快朵颐，不需要复杂的调料，一碟盐就能激发美味。

但要论创意，就不得不提大连的海鲜饺子。海鲜饺子成员众多，几乎可以组成一个“海鲜饺子宇宙”。但若说爆款，必须要提鲅鱼饺子——白嫩的鲅鱼肉做成饺子后，一口咬下去汁水四溢，鲜美可口。海肠饺子，几乎是创造力的极致：宛如橡皮圈一般的海肠洗去黏液后，切成段，拌上绿生生的韭菜，那脆嫩的口感，谁能不爱？海胆韭菜鸡蛋馅饺子同样不同凡响：韭菜加少量炒鸡蛋再拌入海胆黄和些许香油，便可以让海胆饺子在入口时使人感受到海胆在舌尖慢慢融化。

饺子的赛道竞争不可谓不激烈：既有海螺饺子、赤贝饺子、虾爬饺子、鲍鱼饺子，也有各种食材别出心裁的组合——猪肉韭菜虾爬子饺子、猪肉韭菜海胆饺子、裙带菜扇贝饺子或鲅鱼大葱饺子……大连的海鲜饺子绝对是一门大学问。

大连的海鲜做法当然不止于饺子。把地瓜淀粉做成的焖子放在油锅上煎烙至金黄，加上做好的海参、虾仁、螺片，以及不能少的麻酱、蒜水和鱼露，就是极具大连特色的三鲜焖子。三鲜焖子追求的是爽滑与鲜香，最好用拧成麻花状的细铁丝叉着吃，才能品尝到很多老大连人童年的味道。

另一种充满怀旧味道的是海菜包子了。大连近海的海藻种类繁多，被大连人统称为“海菜”。冬季礁石上长出的海菜鲜嫩无比，而海菜馅儿包子吃起来更鲜香可口。

“潮汐将各种海鲜送到了大连人的‘家门口’”

大连夜市烧烤中不可错过的“真香”之一——铁板大鱿鱼

鲁菜加持——丰富层次的大连之味

大连当地所产的各种食材固然鲜美，但还要加上鲁菜的烹调技艺，才能最终形成层次丰富的大连之味，而这一切都要从闯关东说起。

山海关以东、以北的广袤土地，曾见证了自清朝晚期开始，中国历史上时间最长、规模最大的人口迁徙。由于一切都要靠白手起家，没有一股“闯劲”是无论如何都坚持不下去的。大连因与胶东半岛隔海相望，于是成为众多闯关东者的必经之地。当年许多山东人在辽东半岛登陆后，就在这片与故土气候相似且物产丰饶的土地扎根下来，其中当然不乏胶东一带的鲁菜大厨。

胶东菜作为鲁菜的分支，起源于烟台市福山县，也被叫作“福山菜”，以烹调新鲜海产见长。胶东菜选取食材广泛，刀法细腻，继承了清蒸、清煮、扒、烧、炒等传统技法，风味清爽又细腻，尤其擅长烹饪海参、鲍鱼、大虾和鱼类。脱胎于鲁菜的胶东菜，才真正叩开了大连之味的大门。

最早一批胶东大厨针对大连本地食材的特点不断创新，于是大连的繁华市井中，逐渐涌现出本地的名店、名厨和名菜，并以星火燎原之势开拓着大连之味的版图。20世纪二三十年代，大连的修竹街、天津街一带酒楼林立，各家大厨铆足了劲比拼手艺。胶东菜统治了大连的美食江湖，并诞生了“三楼一阁”（群英楼、泰华楼、共和楼和登瀛阁）以及辽东饭庄、扶桑仙馆等远近驰名的饭馆，成为大连之味发展的黄金时代。

从今日大连一些经典菜色中依然可以看出对胶东菜的继承：无论是软炸里脊、熘鱼片，还是红烧海参、鸡锤海参和海参肘子，抑或鲜掉眉毛的鲜贝原鲍、糖醋黄花鱼和虾仁蛋白汤，尤其是极其考验功力的熘海蜇皮，均体现了鲁菜精湛的烹饪手艺——只有保持好火候，才能让海蜇皮保持鲜美，一旦过火，海蜇皮即变成了汤水。至于面包炒鲍鱼，更体现了大连之味在新旧、土洋之间的灵活求变。

海参小米粥

寻味 ROUTE 6

电车沿线

● **推荐理由**

1909年秋天，大连第一条有轨电车线路正式开通。电车缓缓开过城市，转眼就是百年。如今仍在运行的201路，串联起了大连市区最诱人的味道，本路线沿着201路电车路线，向你推荐最有大连特色的美食圈，让游客“逛吃”两不误。

● **重点推荐**

- 201路三八广场站：最地道的大连味
- 201路民生街站：撸串胜地
- 201路大连火车站站：“食不厌精，脍不厌细”
- 201路五一广场站：口耳相传的海鲜天堂
- 201路振工街站：元气满满的海鲜新势力
- 201路兴工街站：寻找老味道

201区间
7-2280

最地道的大连味

「201路三八广场站」

在201路三八广场站附近，有一个集东北味、川味乃至全国各地风味于一体的百变大连。

蚬子手擀面

大连之味，当然少不了东北气质——菜要“硬”、肉管够。可以来一份带着黑土地的淳朴、充满着年味的杀猪菜：酸菜在锅中炖出透明晶莹的黄色，为锅中的白肉洗尽了油腻。除了这道风靡全国的东北招牌菜，大连的炖菜、锅包肉、酸萝卜炒粉、东北大拌菜，无一不流露出“过硬”的东北情怀。但在三八广场站周边，你也能捕捉到大连“不那么东北”的一面：光是一碗芸豆蚬子面，就能将鲜字刻进你的味蕾里——手擀面上盖着一层黄蚬子，浓稠的汤汁透着鲜甜，让人停不下来。

撸串胜地

「201路民生街站」

炭烤扇贝

烤带子

民生街是大连的烧烤胜地。这里出现了大连历史上第一家室内烧烤店，也自此开启了大连烧烤的殿堂级体验。

在食材上，民生街烧烤充分发挥了对新鲜的追求，把海陆食材统统纳入。油花翻飞，各种食材发出“吱啦吱啦”声。越常见的牛羊肉串越要细心烤制，而烤架上的铁杆小串，噼里啪啦之间，小油泡不断往外冒。烧烤看似不求精致，却在调味和搭配上颇费心思，孜然面、辣酱、独门酱料……总有一种口味适合你。小海鲜在大连烧烤中自成一派，光是烤牡蛎就足以将大海的鲜混合着香浓的辣一股脑地倾泻在舌尖，至于淋上特制酱料的烤虾爬子、烤扇贝，更令人直呼肥美鲜甜。

“食不厌精，脍不厌细”

「201路大连火车站站」

海螺饺子

“佛跳墙”

201路大连火车站站位于大连市的黄金地段，这里的食物精致优雅，来此周边用餐，无须考虑季节与时令。对于有追求的厨师来说，一年四季都是出新菜、展示创意的好日子。

每年春天，产自山东章丘的“鲍芹”来到了大连后，就与新鲜的八爪鱼炝拌，变身一道春季应季菜“鲍芹八爪鱼”。到了夏季，海螺饺子、海肠饺子和鲅鱼饺子纷纷登场。秋季则是进补的时节。用海参、鲍鱼佐以人参、绍酒、桂皮所熬制的醇厚味道一飘出来，就知道是“佛跳墙”登场了。此刻再来一根用炉火烘烤、带着木香的自制红肠，就像为每位陌生访客献上一个恰到好处的问候。

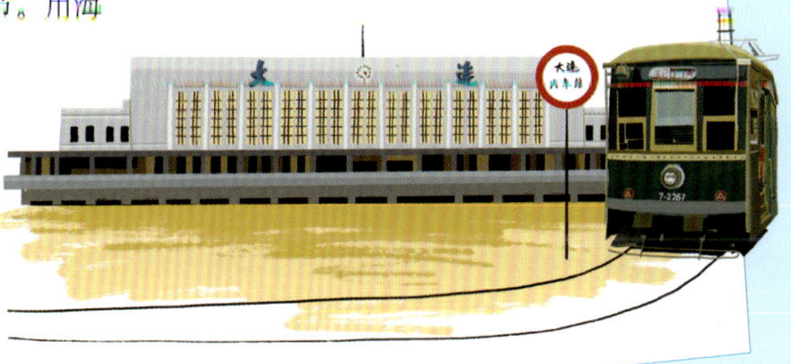

口耳相传的海鲜天堂

「201路五一广场站」

在吃饭探店离不开“大数据”之前，大连人早就以口耳相传的方式选出了这座城市的海鲜性价比之王——五一广场周边的海鲜市场。

花盖蟹

海螺

在这里，你除了可以看到大连本土的飞蟹、赤甲红、花盖蟹，还有南方来的阳澄湖大闸蟹、红花蟹、兰花蟹，日本和俄罗斯的帝王蟹，更有远渡重洋的澳大利亚皇帝蟹、加拿大太子蟹、英国面包蟹……可谓将天底下所有的螃蟹一网打尽。此外还有渔民从海滩上手刨出来的蚬子，特定海域中生长的海螺等当地小海鲜。

这个生机勃勃的“海鲜博物馆”，与各大饭馆酒楼建立了稳定的供需关系，不仅提供着新鲜、实惠的美味，更让天南地北的食客大开眼界。

元气满满的海鲜新势力

「201路振工街站」

喜欢热闹和新鲜的人，会在振工街找到归属感。作为后起之秀，振工街永远以元气满满的姿态在城市中扩张自己的领地：这里有日销量超过8000斤的“海鲜大码头”，也有大连年轻人聚会的海鲜大排档。

自带性价比吸引力的海鲜大排档，宛如永不停歇的流动盛宴，招呼着天南海北的过客体验一把人均几十元就能遍尝各类海鲜的难得机会。望着氧气池里的生猛海鲜、冰块上一字排开的新鲜食材，总会让人眼花缭乱、难以取舍。这时候聪明的食客会直接点一份大锅蒸海鲜。即使朴素的酸菜火锅，加入海蛎子之后，也有了海鲜氛围感——海蛎子给汤底提了鲜，又吸满了酸菜汤汁，立刻占据了味蕾。

蒸海鲜

“喝丢一只鞋”是什么状态？大概每个大连人都能回答你，那是一种神智不清，连鞋子丢了都不知道的感觉。听起来似乎很糟糕，但这句话还要加上后半句——“人生不纠结”。在大连，只要吃得高兴了，没有什么难关过不去。在这里，你能看到大连新奇、有趣的烧烤画风。没有印象中东北烧烤那股粗犷豪迈的气息，取而代之的是活泼欢乐的游戏机、跳跳糖，还有随处可见的“装修艺术”，将烧烤店变成了一个恣意的青春乐园。至于大连的烧烤究竟是什么味道，不妨想象一下哈尔滨烧烤混搭大连食材，再加上西餐与四川麻辣风味的口感吧。如果实在不知道该吃什么，不妨试试最受欢迎的各种螺，体会嘬螺嘬到嘴巴发麻的快乐！

黄牛波螺

花螺

寻找老味道

「201路兴工街站」

三鲜焖子

你好奇30年前大连人的餐桌上有什么吗？寻找大连老味道的旅途从兴工街开始。老大连人都会回忆起熟悉的三道菜——咸鱼饼子、熘鱼片和三鲜焖子。这三个带着“海蛎子味儿”的菜名，一下子就能勾起大连人无数往昔的回忆。从小渔村到光鲜的现代城市，大连人的性情与偏好，就藏在这些老味道之中。

熘鱼片

新鲜的扁口鱼处理得干干净净后，只用盐来调味，再配上金黄色的玉米饼，就是咸鱼饼子。如此简单的吃法轻松地激发出鱼最本真的味道。如果再配上鸡蛋酱和虾酱，那熟悉的味道仿佛就是隔壁邻居刚做好的晚餐。

咸鱼饼子

新杀好的鱼片出来的鱼肉鲜嫩无比，剔骨去刺之后，更是滑溜溜、软绵绵，是熘鱼片独有的口感。

用虾仁、鱿鱼、茄参做成的三鲜浇汁，再配上用芝麻酱加蒜汁调好的酱汁，一秒就能还原大连渔家的老味道。如果将烧汁浇在焖子上，就成了最地道的三鲜焖子。

要问什么才是大连的老味道，这个问题的答案其实就在兴工街这片充满着生活气息的街巷里。

PART 4

海玩

大连有无数种玩法，除了探访美景、打卡美食等常规路线，也能深入大连的郊野，到特色海岛、辽南村落去开发专属自己的趣玩路线，寻找大连版“向往的生活”；亦可尽情“撒野”，尝试赶海、海钓、露营、徒步等特色户外活动，用最直观的方式感受大连、亲近大连。本章推荐备受大连本地人青睐的休闲娱乐地点与活动，一起探索更多认识大连的方式。

乘风破浪：

一起出海去钓鱼！

“人可以被毁灭，但不能被打败。”这是海明威由海钓引发的人生慨叹。

历史悠久的海钓，曾经是渔夫向大海讨生活的辛苦劳作，而今已演变成时尚的休闲户外活动，各种经验与技术加持的海钓设施和装备也在与时俱进。但其中不变是：启航时的意气风发，寻找目标、静候猎物的故作镇定，咬钩刹那的激动澎湃，角力时体力、智慧的紧张，获胜后展示鱼获的骄傲，以及最让人沉迷的、置身大海与天空之间与自然的交流和对话，对孤独与自由的享受。

大连坐拥黄、渤海，两大传统渔场中生活着400多种海洋生物，是国内不可多得的海钓胜地。

黄渤海区的自然馈赠

大连拥有2211千米海岸线，是中国海岸线最长的城市。繁盛的藻类为这里的物种提供了丰富的给养，这片水下黄金海洋牧场非常适合海参、鲍鱼、扇贝等海珍品生长，更是众多鱼类觅食和繁殖的伊甸园。天南海北的钓客们追逐着黑鲷、鲈鱼、马鲛鱼、黄条鰤的渔汛而来。

大连市区东北方的长海县，不仅是东北唯一的海岛县，还是全国唯一的海岛边境县。近二三十年间，长海县在渔业之外发展成为海钓胜地。2008年，长海县大长山岛机场重启，海岛旅游开始步入快车道。2014年，长海县获颁“全国十大海洋旅游目的地”。小长山乡作为全国海钓基地，拥有专业的海上垂钓设施和海钓俱乐部，米级海鲈鱼、马鲛鱼、鲯鳅鱼，十五公斤重的五条鰤、三十公斤以上的黄条鰤出水的消息屡见不鲜。

收获黄条鰤

和渔民一样，本地钓客手中都有一份大连的海钓时刻表。从春到冬（4月中旬至12月末）都是适宜海钓的季节，春来产卵，夏成长，秋去增肥，冬洄游。大凡每年都由矶钓开始，到船钓结束。但对于高手来讲，即便是隆冬季节或者春寒时刻，大连海钓依然充满了惊喜。

不同季节可以钓到不同鱼种。辽东常见的黑鱼（许氏平鲉）和黄鱼（六线鱼）全年可钓，它们滋味鲜美，在黄海、渤海长达4个月的休渔期里是打牙祭的首选。而夏季的黄鲣子（黄条鰤）、五条鰤则是季节限定物种。由于它们体型较大，吸引了不少外地钓友专程前来。此外，大头鳕、真鲷、黑鲷、海鲈鱼、马鲛鱼、鸦片鱼、海鳗鱼、皮匠鱼、马步鱼等也都是大连海钓中的明星，在长山列岛、圆岛、遇岩礁等周边海域还有极其美丽的鬼头刀（鲯鳅）。还有近两年大连兴起的钓鱿鱼、刀鱼，更是让海钓充满了乐趣。

大连海钓实录——一场披星戴月的自然之旅

在大连海钓中矶钓和船钓较为常见。矶钓，是指在兀立的礁石上垂钓，岛礁附近的水下往往乱石丛列、通道交错，是许多鱼洄游和躲避风浪的地方。因为矶钓不用害怕晕船，也比较容易上手，适合入门的新手。尽管大连的矶钓经常有3公斤的鲷鱼出现，但和30公斤的黄条鰤比起来还是不够刺激。所以，海钓发烧友还是会选择搭乘专业的海钓船去船钓，享受360° 的无限海景。

不过，做一名合格的“船钓客”绝不轻松。专注的海钓者需要披星戴月整装出海，因为大部分的鱼都是早晚觅食的习性，专业的钓客会合理安排行程，不会浪费宝贵的时

矶钓

每年鰤鱼潮期间的黄条鰤群

间。白天是休闲客的天下，钓点好也会有好收获。还有夜钓项目，专门针对海鳗、鱿鱼这样的夜行性鱼类。

想要搏击大物，可以用慢摇钓法，在船只抵达鱼群出没的海域后，钓者通过持续收放线、扬竿等技术动作，让“铁板”（一种模拟鱼饵）活动得更像受伤逃窜的鱼，以吸引猎食者攻击。这对海钓者的运动强度不啻于一场魔鬼式的肌肉训练。

只有体力还远远不够，与大自然博弈，需要钓者充分了解对手，深谙不同鱼种的分布情况。

如果你是一名爱钓鱼的游客，大连任何一个南部的沿海景区周边都会满足你的海钓视听感受。如果你是一个钓鱼爱好者，在海钓的品种和方式上有些自己的想法，那么请留意地名，以“岛、礁、湾、石、滩、川、塘”结尾的，都值得你去逛一逛，挥几竿。如果你是一名海钓高手，来大连吧，这里总有一款适合你。矶钓范围全海域，春

ⓥ 鲯鳅

太平洋真鳕

天在黄海，秋天在渤海；远投水平顶呱呱，欢迎高手来切磋；路亚场地随处见，船钓设施更全面。

不同鱼种的钓法不一。钓乌贼、章鱼需要八爪钩，才能让软体动物不会滑脱；钓褐牙鲆的时候，提竿不能停顿，一旦让它找到礁石贴上去，就很难再拉上来；许氏平鲉（黑鱼）被钓上来后会竖起有毒的硬棘保护自己，这时千万不能徒手抓。

当然，无论是满载而归还是收获寥寥，海钓江湖的钓客都会恪守自己的"游戏规则"。如果钓上来的鱼太小，通常都会放生，给它们继续成长、繁衍的机会。整个海钓过程中，也不可以让任何垃圾落入大海，这些都是让海钓得以持续发展的重要规则。

1997年起，大连市每年都会举办长山群岛国际海钓节，这是一个综合文化、旅游、体育的大型节庆活动，其间会开展各种具有海岛文化特色的活动，核心就是"来海岛，钓大鱼"。海钓节中多项赛事已经成为颇受钓客圈关注的盛事。

这些年来，从春到冬，全国各地来大连一展身手的海钓群体一直在壮大，这项运动逐渐燃起人们对回归湛蓝色"星辰大海"的热望。

10 个方式

去撒欢

1

海钓

推荐时间：全年

小知识：海钓尤其要注意潮汐和海风。一般涨潮、落潮的时候，运动的海水会搅动海鱼的运动，增加鱼咬钩的机会。同理，有风比无风好，因为风力搅动海水，让鱼类游动更频繁，风力以3、4级最好；而连续几天大风之后，海鱼饥肠辘辘，此时更是海钓的绝佳时机。每年4月中旬至6月，以及9月至12月是北方海钓的黄金季。

推荐装备：海钓又细分为矶钓、船钓、路亚钓等，可根据类型选择对应装备，如钓竿、卷线器、钓线、浮标、铅锤、鱼刀、救生衣、登礁鞋、偏光镜、手套和遮阳帽等。

推荐打卡地：小平岛、三山岛、金石滩、石槽、成山头、平岛、长山群岛、海王九岛、海猫岛、蛇岛、长兴岛、将军石、太平湾等。

推荐时间：夏季

小知识：海里的压力和陆地上不同，海水深度每增加10米，就会增加一个大气压，因此需要做好“安全停留”进行减压排气。同时还需注意呼吸节奏，缓慢平稳、慢吸慢吐最有利于减缓耗氧速度，切忌大口快速吸气呼气。至于潜点和天气条件，最好选择高透明度海水、温暖的气候以及少风少浪的天气，以便更清晰地查看水下环境，减少危险发生。另外，提前做好专业培训，紧跟教练或潜伴也是必不可少的。

推荐装备：水母服、面镜、脚蹼、电脑表等。

推荐打卡地：长山群岛。

2 潜水

3

渔猎

推荐时间： 7月—10月

小知识： 渔猎是一项小众极限运动，可以理解成自由潜水的“进化版”，需要参与者潜入水下近距离接触鱼群，用鱼枪直接猎捕。相比起其他捕捞方式，渔猎最为古老原始，对生态的破坏性也最低。大连凭借优良的水域环境，成为硬核玩家们公认的北方渔猎胜地。尤其是每年夏天的“𫚕鱼季”，黄条𫚕和五条𫚕成群洄游到大连产卵，形成大型渔汛，此时“入水必有获”，而上岸后，𫚕鱼又很适合做成刺身立即享用。逐渐地，这种一条龙体验在大连衍生出特殊的“𫚕鱼文化”，参与者们也拥有了很酷的身份标签——𫚕鱼猎人。

所需装备与前期准备： 潜水服、面镜、呼吸管、脚蹼、鱼枪、配重等潜水装备。参加渔猎需持有自由潜水登记证书，或预先参加渔猎课程培训（注意需要有专业潜水机构开游艇出海陪同，保证安全）。

推荐打卡地： 金石滩、星海公园西侧码头等。

推荐时间：夏季

小知识：风筝冲浪是一项将风筝、冲浪、滑板和帆板等多种运动元素结合在一起的海上极限运动，因为有一定技术难度而被称为“海上高尔夫”。想要玩好风筝冲浪，离不开好风与好浪：合适的风力与风向、开阔的海面以及高能见度的自然环境，都是开展这项运动的前提条件。

推荐装备：风筝、打气筒、腰钩、冲浪板、脚套、救生服等。

推荐打卡地：夏家河子海滨浴场。

4 风[illegible]冲浪

推荐时间：夏季

小知识：皮划艇包括皮艇和划艇，两者在结构、形状、划桨方式等方面略有区别，但因比赛场地和规则基本相同，所以统称为皮划艇，常见的是单人艇和双人艇。玩皮划艇之前，需要考虑气温、水温、风力、风向、水流、潮汐、浪高和间隔等参数。尤其注意，水温低于10℃时，尽量不要进行此项运动。

推荐装备：皮划艇、船桨、救生衣、速干衣、防晒物品等。

推荐打卡地：琥珀湾、星海湾。

5 皮划艇

6 户外攀岩

推荐时间： 春季、夏季、秋季

小知识： 户外攀岩场所不胜枚举，但大连能在其中独树一帜，依旧得益于它特殊的海岸线。基岩海岸受海蚀及重力崩落作用，易形成陡峭的“海蚀崖”，这些崖面悬直度高，且易于寻找落脚点，是绝佳的天然攀岩场地，对于初阶者也相对友好。此外在攀岩途中还可欣赏壮丽海景，切身感受山与海的双重魅力。

推荐装备与前期准备： 安全带、主绳、攀岩鞋、攀岩头盔等。出发前要充分热身，地面需要有专业人员陪同，保障安全。

推荐打卡地： 燕窝岭、金沙滩、黑石礁公园等。

冰雪运动

7

推荐时间：冬季

小知识：大连除了滑雪、滑冰、雪橇和冰壶等常规项目外，还有一些特别的娱乐活动，比如雪地摩托车、雪地越野车、雪爬犁等。特别注意，冬季的沿岸海冰受浪潮影响易发生断裂漂移，不建议在冰面上逗留游玩。

推荐装备：滑雪服、雪板、雪杖、雪靴、滑雪镜、护膝等。

推荐打卡地：大连林海滑雪场、大连铭湖度假区滑雪场、大连欢乐雪世界、大连将军石滑雪场、老虎滩极地嬉雪大世界、天门山冰雪大世界、劳动公园滑雪游乐场等。

推荐时间：全年

小知识：掌握潮汐时刻表，是赶海的第一节必修课。潮汐循环周期为15天。赶海一般选择大潮汛最好。所谓大潮汛，指的是农历每月初二和十六的前后两天，此时海水退得又快又远，潮汐落差大，形成的滩涂面积也大，收获的海鲜也就越多。潮汐有活汛、死汛之别。活汛指潮汐落差大，水流通畅，易退潮，此时鱼儿活跃，易上钩，滩涂上的海鲜也较多。死汛是指潮汐落差小、水流不畅，不易退潮。

推荐装备：雨鞋、沙滩鞋、手套、带杆网兜、小铁铲、小耙子、水桶等。

推荐打卡地：燕窝岭、傅家庄、夏家河子、旅顺口区北海王家村等。

8 赶海

推荐时间：春季、夏季

小知识：要想有最好的露营体验，首先要了解如何选择适合的露营地点，一般以日照时间长、地面平整干燥、近水近村、背风背阴、远崖防雷的地点最佳。

推荐装备：户外帐篷、防潮垫、睡袋、防风灯、折叠桌椅、户外电源、便携水桶、便携炉具等。

推荐打卡地：西郊国家森林公园营地、天门山森林公园营地、金石滩营地、蓝莓谷营地等。

9 露营

"四月滨城芳菲始，又是百花飘香季"，每年4月伊始，大连就进入了赏花旺季，从春到秋，整个大连花簇锦攒——樱花、杜鹃花、槐花、薰衣草、蔷薇等数百万株各类花卉次第开放，缤纷秀丽。

10 赏花

樱花

观赏时间：4月

推荐打卡地：劳动公园、龙王塘樱花园、旅顺樱花园。

杜鹃花

观赏时间：4月末—5月初

推荐打卡地：大黑山（主要分布在主峰东侧山坡和南面的山谷）。

槐花

观赏时间：5月

推荐打卡地：劳动公园、槐花大道、金龙寺森林公园、旅顺七彩南山景区。

蔷薇花

观赏时间：5月中下旬—6月初

推荐打卡地：太阳沟、望海街。

薰衣草

观赏时间：5月中旬—10月末

推荐打卡地：紫云花汐薰衣草庄园。

菊花

观赏时间：9月下旬—11月初

推荐打卡地：英歌石植物园。

⌃
大黑山杜鹃花海

畅游 ROUTE 7

欢乐之旅

● 推荐理由

大连充满活力，有众多不同类型的主题乐园，它们各有特色，动静皆宜，提供了全年龄段的娱乐方式。不论男女老少都能在大连的各种度假景区、主题乐园中找到适合自己的休闲项目，并体验大连这座城市的好客与迷人。本路线会为阖家出游者推荐各种综合性休闲娱乐场所，规划最优线路，让全家都能充分感受大连的魅力。

● 重点推荐

- 老虎滩海洋公园：尽览全球海洋生物
- 大连森林动物园：在市中心与动物“零距离”接触
- 发现王国主题公园：黄金海岸上的探险体验
- 熊洞街：街区里藏着“机械巨兽”
- EX未来科技馆：与“仿生人”面对面

● 辅助推荐

生命奥秘博物馆、世界音乐文化博物馆、西郊国家森林公园、圣亚海洋世界、东方水城

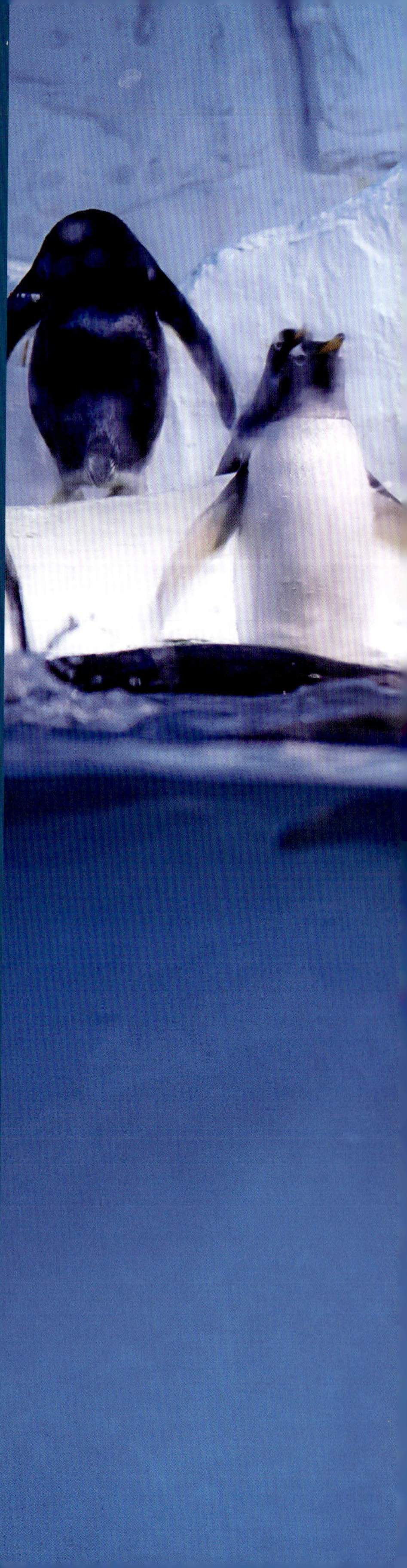

大连礼物·大连名品

重点推荐

尽览全球海洋生物

老虎滩海洋公园

老虎滩海洋公园位于大连中山区，占地面积为118万平方米，是一座以海洋文化为主题，兼具观光、娱乐、科普等功能的综合性公园，也是游览大连必去的景点之一。

老虎滩海洋公园由极地馆、珊瑚馆、海兽馆、鸟语林和欢乐剧场五大主题场馆组成。极地馆里有白鲸、海豚、海象、北极熊、企鹅等百余种珍稀极地动物。珊瑚馆以热带海洋珊瑚礁为重点，色彩艳丽的珊瑚、海葵争奇斗艳，呈现出神秘莫测的海底世界。馆内还有一整面水母墙，不同品种的水母在水中摇曳，如梦似幻。此外珊瑚馆还会定期举办美人鱼、水中芭蕾等表演。

海兽馆的外观像一艘古老的海盗船。在这里，可以从水下和水上的多个角度近距离观察海狗、海豹和海狮等海兽的生活状态。老虎滩海洋公园中有种类丰富的海洋动物与妙趣横生的科普活动，绝对是老少咸宜的主题乐园。

重点推荐

在市中心与动物“零距离”接触

大连森林动物园

森林动物园位于大连西岗区的白云山风景区内，依山傍海，占地面积为7.2平方千米，有200余种、3000多头（只）动物，并以“让动物生活在没有人类干扰的自然环境”为宗旨。森林动物园的一期圈养区建成于1997年，二期散养区建成于2000年。种类繁多的动物与完善的设施，让森林动物园得以开展高水平的科普活动，是大朋友和小朋友都值得一去的地方。

森林动物园分为众多主题场馆，包括熊猫馆、快乐灵长园、非洲食草动物区、热带雨林爬虫馆、生态鸟馆、高山区和猛兽区等，可以全方位地展示动物的各种特点与生活形态。最吸引游客的是散养园区：悠闲的长颈鹿、可爱的小熊猫、霸气的东北虎、呆萌的羊驼……散养区现有“人车分流+空中游览”的游览路线，为游客增添了全新的高空游园体验。步行游览的话，可以近距离观察各种动物，还可以在特定区域触摸、喂食一些温顺的动物，与它们来个亲密接触。

森林动物园还为北京动物园赠送的国宝大熊猫建造了一座“城堡”——总建筑面积约为2000平方米的熊猫馆。熊猫馆中，三只大熊猫都有各自独立的活动空间，让游客可以多个角度欣赏憨态可掬的熊猫嬉戏玩乐。森林动物园熊猫馆也是东北地区唯一的永久性大熊猫展馆。

重点推荐

黄金海岸上的探险体验

发现王国主题公园

发现王国主题公园位于大连金石滩国家旅游度假区的黄金海岸上，占地面积约为47万平方米，由曾参与建造迪士尼主题乐园的美国RPVA公司规划设计，是国内知名的大型主题公园。

发现王国有六大主题园区：疯狂小镇、金属工厂、魔法森林、神秘沙漠、传奇城堡和精灵花园。这些园区风格迥异，在其间穿梭好似进行了一场跨越时空的冒险旅行，而几十项娱乐设备创造出缤纷多彩的魔幻世界，更是年轻人的最爱。

发现王国主题公园的“镇园之宝”当属“疯狂眼镜蛇”过山车。当你乘坐的过山车以90千米的时速弹射出去，在弯曲扭转的轨道上风驰电掣，那种体验可谓毕生难忘。

同样刺激的还有脚下悬空的悬挂式过山车“天旋地恋”，建设在水面上的“海盗船”，从十几米高空俯冲而下的“水上大冲撞”，小朋友专属的“酷乐迷你世界”，在42米高空体验最高时速110千米的“沙漠风暴”，以及引起放肆尖叫的“太空梭”……每一个项目都令人大呼过瘾。此外，发现王国主题公园还会定期举办快闪歌舞、花车巡游、烟花秀等各类演出。

公园的活动分为日场与夜场，各具特色，不同季节也会举办相关活动：春季的新装开园，夏季的加勒比夜场狂欢，秋季的万圣惊叫季……无论你什么时候来，都会有前所未有的新奇体验在等着你。

重点推荐

街区里藏着“机械巨兽”

熊洞街

如果问大连年轻人最爱逛哪里，熊洞街必在名单之列。它坐落在沙河口区的冰山慧谷园区里，前身是大连冷冻机厂旧厂区，经改造成为融合游乐园、商业零售、美食餐饮为一体的主题娱乐基地。

当然，最为出圈的，就是这只白色仿生机械巨熊——北北。它身高6米，重10吨，可以通过智能系统操控做出各种动作和表情，又酷又萌。尤其是在电音节和漫展等活动中，有北北坐镇，整个空间便充满赛博朋克的未来感。如今，熊洞街已经成为大连最火爆的城市IP和新地标。

这里每天会进行“北北大秀”巡游，每周还会定期举行“北方女神幻影秀”演出。街头潮流、元宇宙、蒸汽机甲……年轻人喜爱的文化元素，在这里都能找到。

重点推荐

与“仿生人”面对面

EX未来科技馆

EX未来科技馆位于大连金石滩金石文化博览广场内，馆内核心看点是以仿真机器人形式呈现的“蜡像”，它们造型逼真，神情动作栩栩如生。在这里，可以“偶遇”鲁迅、霍金、爱因斯坦等名人，与他们直接互动。

此外，馆内还有仿生人实验舱、人工智能机器人研究中心、仿生机器人制造中心等主题区域，模拟了人工智能在未来生活中的诸多应用场景，让游客全方位体验前所未有的人机共生的未来生活。这里有能实时同步模仿真人表情的机器人，游客甚至能通过3D打印技术，扫描定制自己模样的仿生机器人。

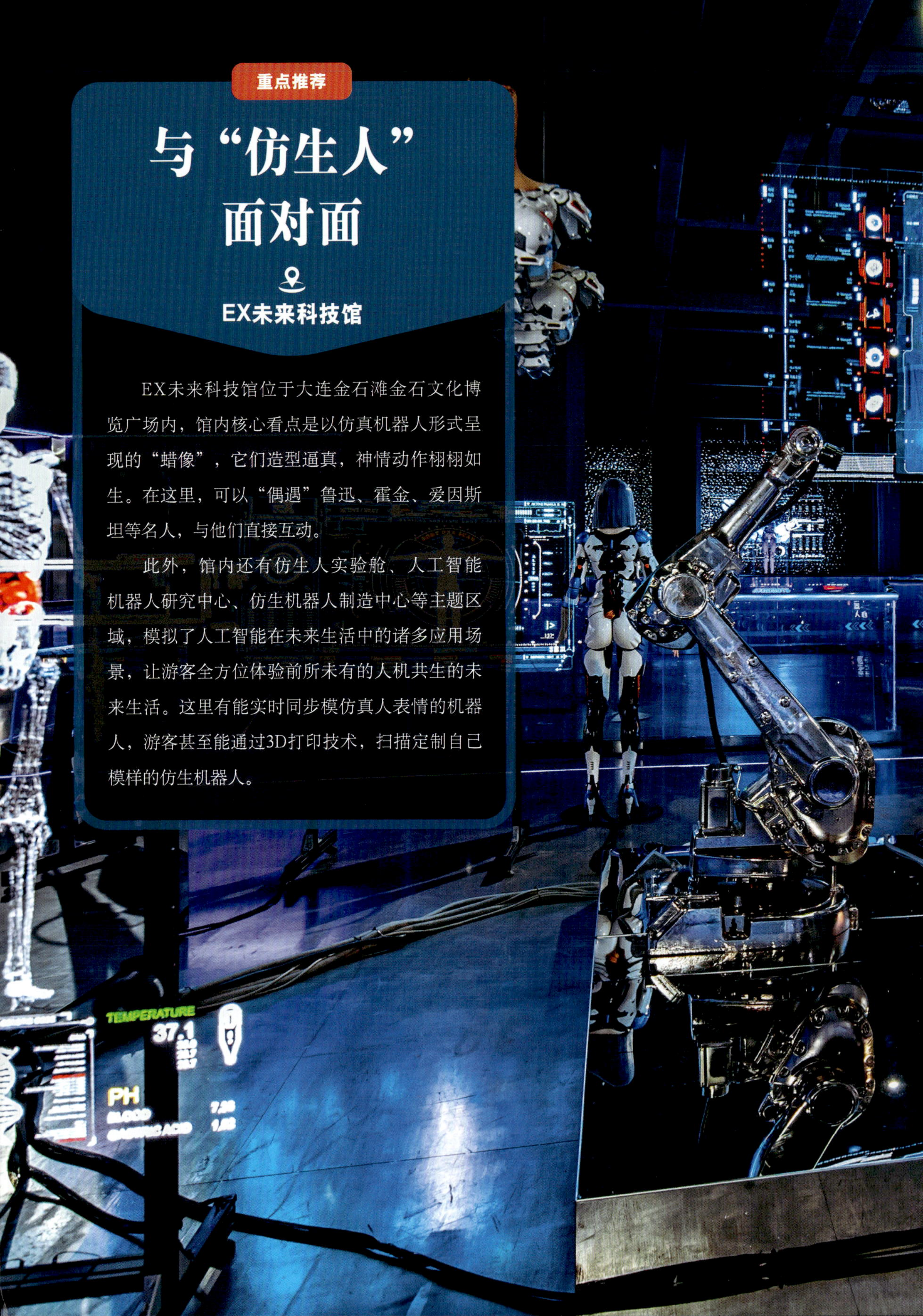

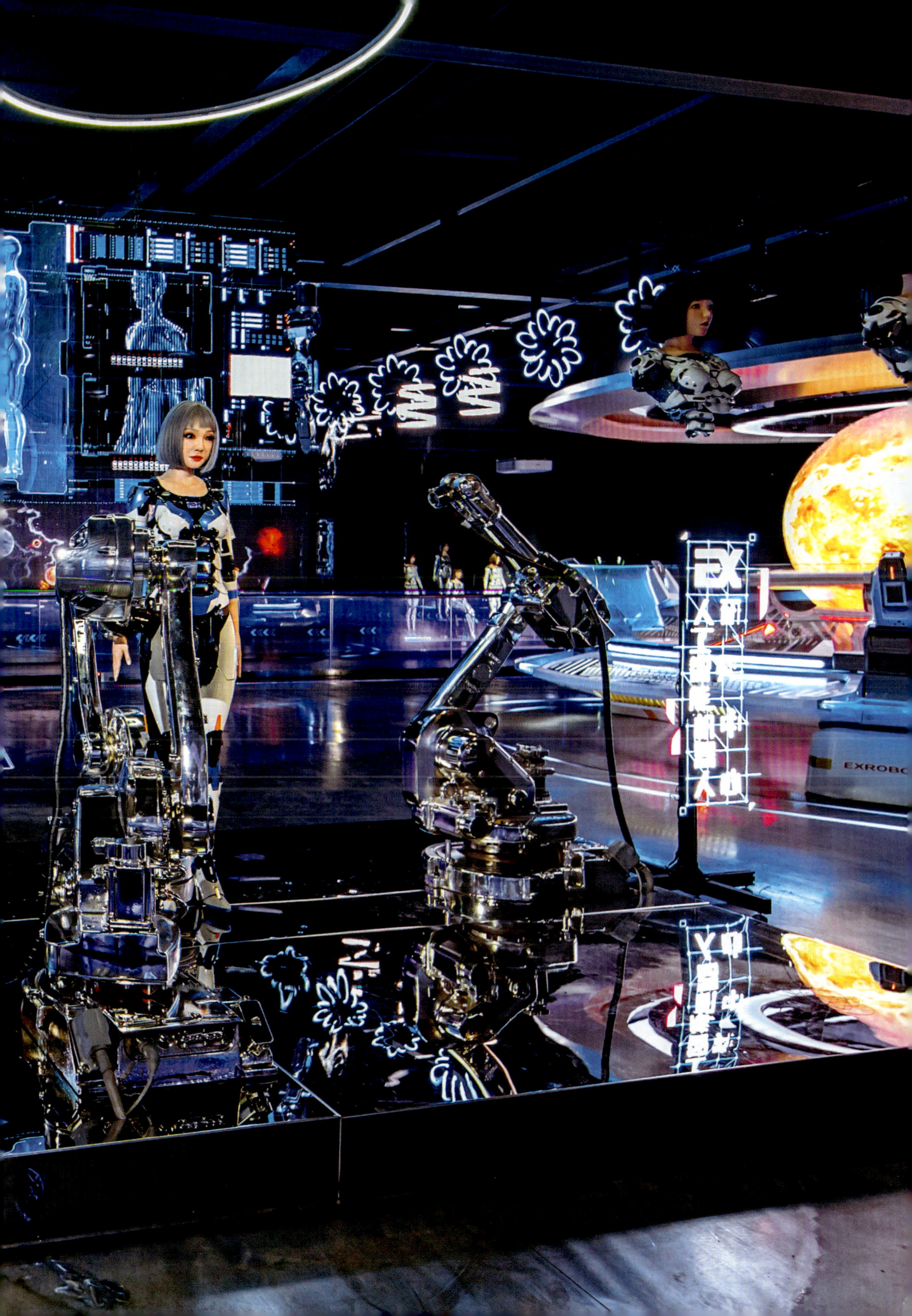
EX

辅助推荐

生命奥秘博物馆

这是一座展示脊椎动物进化历程的自然类综合性博物馆，也是国内极具权威性的科普教育场所。馆内分为海洋精灵展区、脊椎王国展区、人体世界展区，通过2000余件独特的生物塑化标本，重现了生命从大海深处到高山之巅，从赤道热浪到两极寒冰，从草原沼泽到山川大河漫长而神奇的进化之路。馆内还配备免费讲解，每位参观者都能在此收获关于生命演化的知识。

辅助推荐

世界音乐文化博物馆

大连世界音乐文化博物馆展览面积约为3000平方米，是中国首座中西方音乐文化融合的博物馆。馆内分为民族音乐文化馆、西洋音乐文化馆、钢琴风琴馆、八音盒留声机展区、音乐家唱片馆、收音机主题馆、声音科技体验馆、文创产品展览馆。馆藏有近8000件中西方音乐文化艺术瑰宝和30余万张经典音乐唱片，完整呈现了世界音乐文化和声音记录传播设备的发展历程。

辅助推荐

西郊国家森林公园

西郊国家森林公园地处大连市甘井子区，是大连市郊植被保存最完好、水系最丰富的山林保护区。森林公园的地形以丘陵为主，海拔不高且山势和缓，山间多山涧、溪流和湖泊。夏季雨后，常出现云海景观。这里还是候鸟迁徙的必经之地，每年春秋两季都会有百万只候鸟在此停留，场面非常壮观。西郊国家森林公园全天开放，不收门票。可趁天气好时，约三五好友或全家人来这里野餐、露营、放风筝或在湖边木栈道漫步，亲近大自然，感受“天然氧吧”带来的神清气爽。

辅助推荐

圣亚海洋世界

圣亚海洋世界坐落在星海公园内，主要特色是精彩的海洋动物表演与118米长的海底通道，共有四大主题场馆：海洋世界、极地世界、珊瑚世界和银河星海。在这里可以体验中国的第一条海底通道，仿佛真的徜徉于海底，也可以到极地世界看企鹅和北极熊，在珊瑚世界欣赏五彩缤纷的珊瑚和礁石，再去银河星海，在高科技打造的多媒体体验区，进行一场神秘刺激的深海之旅。圣亚海洋世界的所有场馆均在室内，一年四季皆可畅游，随时可来这里化身海洋探险家。

辅助推荐

东方水城

东方水城地处大连中山区的东港商务区，毗邻东港音乐喷泉广场，是以威尼斯为蓝本打造的水韵小城。这片区域共有200多座欧式建筑，一条4千米长的运河穿行其间。游客可乘坐威尼斯特色的贡多拉船游览整个水城，享受欧式慢生活。这里可以购物、看海，吃海鲜、喂海鸥，不紧不慢地消磨掉一天，一家老少都能自得其乐。东方水城的夜景尤其值得一看：华灯初上，海风微凉，“浪漫大连”的气质体现得淋漓尽致。

大连有许多值得前往的好地方，
这本书无法一次言尽，
这座魅力非凡的城市，
还有许多奇绝的美景、
热闹的街巷，
以及充满人情味的世间烟火。

山风海韵，
静候君来。

DISCOV
EXPLOR

打卡大连清单

To Do List

（排名不分先后）

大连5A级旅游景区

- ☐ 大连金石滩国家旅游度假区
- ☐ 大连老虎滩海洋公园·海洋极地馆

大连4A级旅游景区

- ☐ 大连森林动物园
- ☐ 大连圣亚海洋世界景区
- ☐ 大连博物馆景区
- ☐ 大连自然博物馆景区
- ☐ 大连棒棰岛宾馆景区
- ☐ 大连武术文化博物馆
- ☐ 中央大道旅游文化购物中心
- ☐ 大连西郊国家森林公园
- ☐ 大连横山北普陀主题文化公园
- ☐ 大连英歌石植物园
- ☐ 白玉山景区
- ☐ 东鸡冠山景区
- ☐ 大连旅顺潜艇博物馆
- ☐ 大连七彩南山景区
- ☐ 旅顺日俄监狱旧址博物馆
- ☐ 大连仙浴湾旅游度假区
- ☐ 大连将军石旅游景区
- ☐ 大连天门山国家森林公园
- ☐ 大连冰峪省级旅游度假区
- ☐ 大连海王九岛旅游度假区
- ☐ 关向应纪念馆
- ☐ 紫云花汐旅游景区
- ☐ 铭湖国际温泉滑雪度假区
- ☐ 大连安波旅游景区
- ☐ 世外俭汤旅游景区
- ☐ 平岛辽参小镇生态旅游景区

探索家员员子特别推荐

- ☐ 大连美术馆
- ☐ 中山广场近代建筑群
- ☐ 东港游艇码头
- ☐ 东方水城
- ☐ 世界音乐文化博物馆
- ☐ 莲花山观景台
- ☐ 老虎滩渔人码头
- ☐ 黑石礁公园
- ☐ 星海湾大桥
- ☐ 发现王国主题公园
- ☐ 旅顺博物馆
- ☐ 旅顺火车站
- ☐ 老铁山灯塔
- ☐ 三寰牧场
- ☐ 夏家河子
- ☐ 打狗咀子
- ☐ 瓦房店排石景区
- ☐ 步云山
- ☐ 大连斑海豹国家级自然保护区
- ☐ 201路有轨电车

大连还有更多好去处待你亲自发现
欢迎使用随书附赠的“打卡装置”，记录属于你的“大连时刻”
还可通过微博、小红书添加#去大连#话题，与@中国国家地理探索 互动
分享你的城市探索灵感

VER DALIAN
E MORE
去大

星海湾大桥
大连博物馆
黑石礁公园
莲花山观景台
大连自然博物馆
老铁山灯塔
将军石
201路有轨电车
旅顺博物馆
旅顺火车站
三寰牧场

棒棰岛
大连老虎滩海洋公园
OCEAN PARK
老虎滩渔人码头
东港游艇码头
世界音乐文化博物馆
东方水城
大连森林动物园
中山广场
大连美术馆
发现王国主题公园

探索家员员子
大连漫步
@大连市文化和旅游局
@中国国家地理探索
长山群岛
海王九岛
金石滩
天门山
步云山